Landwirtschaft und Nahrungsmittelproduktion

Hans Flinkerbusch
Elke Peter
Winfried Sander
Lutz Stäudel

Ernst Klett Verlag
Stuttgart Düsseldorf Leipzig

1. Auflage   1 5 4 3 2 1 | 08 07 06 05 04

Alle Drucke dieser Auflage können im Unterricht nebeneinander benutzt werden, sie sind untereinander unverändert. Die letzte Zahl bezeichnet das Jahr des Druckes.

© Ernst Klett Verlag GmbH, Stuttgart 2004. Alle Rechte vorbehalten.
Das Werk und seine Teile sind urheberrechtlich geschützt. Jede Nutzung in anderen als den gesetzlich zugelassenen Fällen bedarf der vorherigen schriftlichen Einwilligung des Verlages. Hinweis zu § 52a UrhG. Weder das Werk noch seine Teile dürfen ohne eine solche Einwilligung eingescannt und in ein Netzwerk eingestellt werden. Dies gilt auch für Intranets von Schulen und sonstigen Bildungseinrichtungen.

Internetadresse: http://www.klett-verlag.de

Layout: Alfred Marzell, Schwäbisch Gmünd
Zeichnungen: Alfred Marzell, Schwäbisch Gmünd
Redaktion: Ute Kühner
            Claudia Hofmeister
Herstellung: Melanie Schimpf
Umschlaggestaltung: Arne Holzwarth
unter Verwendung folgender Fotos: Eierschale: Mauritius (ACE), Mittenwald; Schwein in Bastkorb: Mauritius (Arthur), Mittenwald; Mädchen: getty images (stone/Kevin Mackintosh), München
Reproduktion: Meyle+Müller, Medienmanagement, Pforzheim
Druck: SCHNITZER DRUCK GmbH, 71404 Korb
ISBN: 3-12-036611-0

Liebe Schülerinnen und Schüler,

In diesem Buch geht es um mehr als nur um „Trecker" fahren. Themen rund um Landwirtschaft und Nahrungsmittelproduktion sind auch z. B. unsere Essgewohnheiten und unser Einkaufsverhalten. Wie viel Diesel steckt im Brot? Wie viel Fett in der Wurst? Fragen, die erst auf den zweiten Blick spannend werden, denn wer will denn nicht ökologisch sinnvoll handeln und dabei auch noch fit und gesund bleiben. Also, macht Euch an die Arbeit, das Thema ist spannender als ihr denkt.

Wir wünschen euch viel Spaß beim Forschen und Entdecken.

Inhaltsverzeichnis

I Landwirtschaft und Nahrungsmittelproduktion

Grundregeln für das Experimentieren   5
Leitfaden für dieses Buch   6-7

1 Auch Pflanzen haben Hunger   10
Auch Pflanzen haben Hunger   10
Essen und Trinken: Wovon lebt die Pflanze?   12
Der Sache auf den „Grund" gehen   14
Boden sauer, Bauer ratlos?   16
Pflanzen „trinken" Mineralwasser   17

2 Essen und Trinken – Lust und Frust   18
„Der Mensch ist, wie und was er isst."   20
Hauptsache es schmeckt?   21
Was ist schön und gesund – dick oder dünn?   22
Orangen(-saft): Für alle gesund?   24

3 Sonne macht mobil   26
Was „tankt" der Mensch?   28
Wie viel Diesel steckt im Brot?   30
Wie kommt die Energie ins Brot?   32

4 Landwirtschaft und Handel im Wandel   34
Jeden Tag ein Ei – und sonntags auch mal zwei   36
Früher – Gestern – Heute   38
Weltweiter Handel oder regionaler Einkauf? – ein Rollenspiel   40

5 Natur pur?   42
Von der Kartoffel zur Pommes   44
Currywurst   46
Pommes rot-weiß – Ketchup & Mayonnaise   48
Cola – mehr als ein Erfrischungsgetränk   49

Infothek   50-77
Periodensystem der Elemente   78-79
Liste der Gefahrstoffe   80-81
Gefahrenhinweise   82
Sicherheitshinweise   83
Register   84-85
Bildquellenverzeichnis   86

Grundregeln für das Experimentieren

Beim Experimentieren muss man besonders sorgfältig und vorsichtig sein.
Lies dir zuerst die Versuchsbeschreibung durch.
Beginne mit dem Experimentieren erst, wenn dir die auszuführenden Tätigkeiten klar sind. Führe die einzelnen Schritte eines Experiments immer in der richtigen Reihenfolge aus.

Melde es sofort dem Lehrer, wenn dir etwas unklar ist oder etwas Unerwartetes geschieht. Achte darauf, dass deine Versuchsaufbauten nicht umkippen können. Trage stets die notwendige Schutzkleidung. Informiere dich darüber, wo der Erste-Hilfe-Kasten und der Feuerlöscher stehen. Du solltest mit diesen Hilfsmitteln auch umgehen können.

Schutz vor Verbrennungen:

Versuch beendet – Brenner aus!

Schutz vor elektrischen Schlägen:

Nur Spannungen bis 24 V verwenden!

Schutz vor Verletzungen:

Versuch sorgfältig und überlegt aufbauen!

Schutz vor Vergiftung und Verätzungen:

Chemikalien richtig aufbewahren und vorsichtig benutzen!

Und wenn doch etwas passiert ...

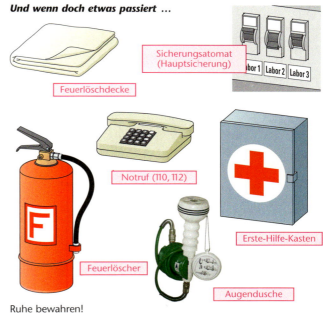

Ruhe bewahren!
Sofort Lehrerin oder Lehrer informieren!
Hauptschalter bzw. Haupthahn sofort abdrehen!
Bei größeren Unfällen sofort Notruf: Feuerwehr 112
                                       Polizei 110
Erste Hilfe leisten!

Die Gefahrensymbole:

giftig	ätzend	gesundheitsschädlich	leicht entzündlich	explosionsgefährlich	brandfördernd	gefährliche Spannung	umweltgefährlich

Leitfaden für

So navigierst du durchs Kapitel

Start

1 Darum geht's
Mit der Startseite verschaffst du dir einen Überblick. Stimme dich ein und wähle ein Thema.
In der Navigation wird die Themenüberscht angezeigt.

Einstieg

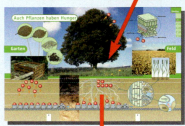

2 Jetzt geht's richtig los
Geschichten, Collagen und Fragen führen mitten hinein ins Thema.

Aktion

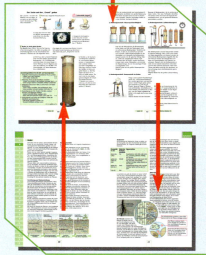

3 Beobachte, forsche und entdecke
Auf den Aktionsseiten findest du Experimente und Beobachtungsaufgaben. Stichworte verknüpfen die Aufgaben mit der Infothek.

Infothek

4 Informiere dich
Wichtige Stichworte von den Aktionsseiten werden hier näher erklärt. Die Infothek ist ein alphabetisch geordnetes Lexikon. Querverweise regen zum Stöbern und Nachlesen an.

eses Buch

ie Verknüpfung von Aktionsseite und Infothek

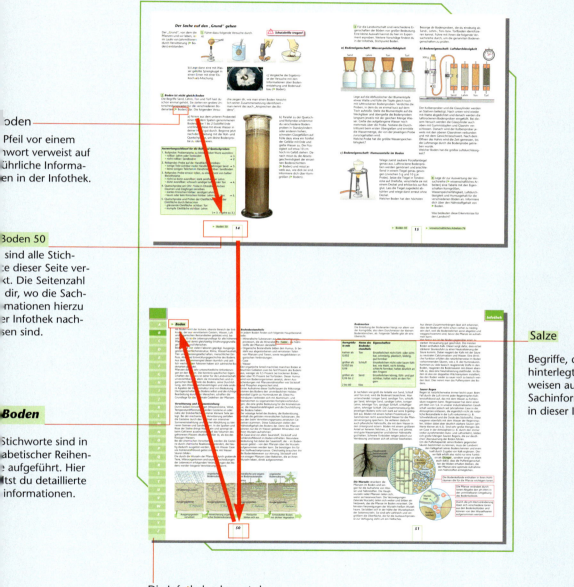

oden

Pfeil vor einem nwort verweist auf ührliche Informaen in der Infothek.

Boden 50

sind alle Stichte dieser Seite verkt. Die Seitenzahl dir, wo die Sachmationen hierzu er Infothek nachsen sind.

Boden

Stichworte sind in abetischer Reihene aufgeführt. Hier ltst du detaillierte informationen.

Salze

Begriffe, die farblich hinterlegt sind, verweisen auf weitere Sachinformationen in dieser Infothek.

Die Infothek erkennst du am farbigen Register.

Landwirtschaft und Nahrungsmittelproduktion

Auf welchem Baum wachsen die Hamburger, wie kommt die Kartoffel in den Pudding?

Die 5 Themenfelder zeigen dir wie und wo das produziert wird, was du täglich isst und welche Auswirkungen unser Ernährungsverhalten hat.

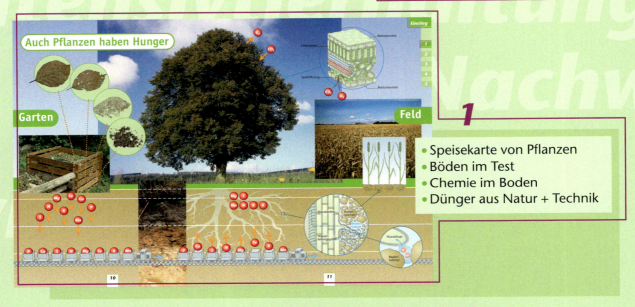

1
- Speisekarte von Pflanzen
- Böden im Test
- Chemie im Boden
- Dünger aus Natur + Technik

2
- Essen
  – früher und heute
  – hält gesund
  – macht krank
  – auf Kosten anderer

Start

▼ **Landwirtschaft und Nahrungsmittelproduktion**

▶ Auch Pflanzen haben Hunger 10	1
▶ Essen und Trinken – Lust und Frust 18	2
▶ Sonne macht mobil 26	3
▶ Landwirtschaft und Handel im Wandel 34	4
▶ Natur pur? 42	5

3
- Der Kohlenstoffkreislauf
- Energielieferant Pflanze
- Bewegung braucht Kraftstoffe
- Energiekosten der Landwirtschaft

4
- Bauernhof vor 50 Jahren und heute
- Eierverbrauch und Hühnerhaltung
- Nahrung aus aller Welt

5
- Nahrungsmittel
  – Herstellung
  – Verarbeitung
  – Untersuchung
  – Haltbarmachen

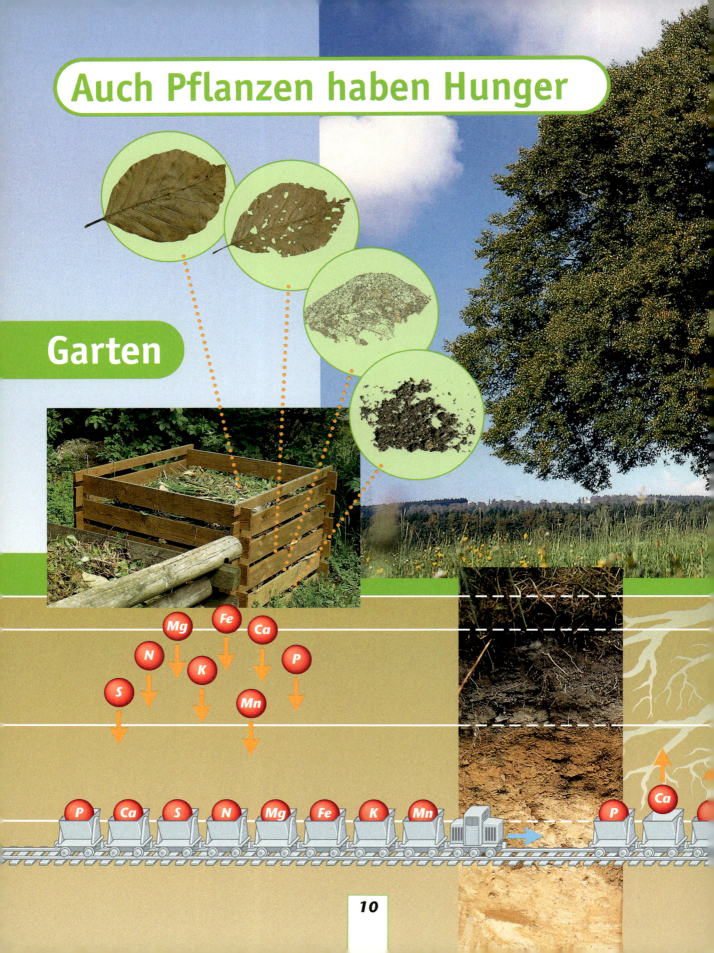

Einstieg

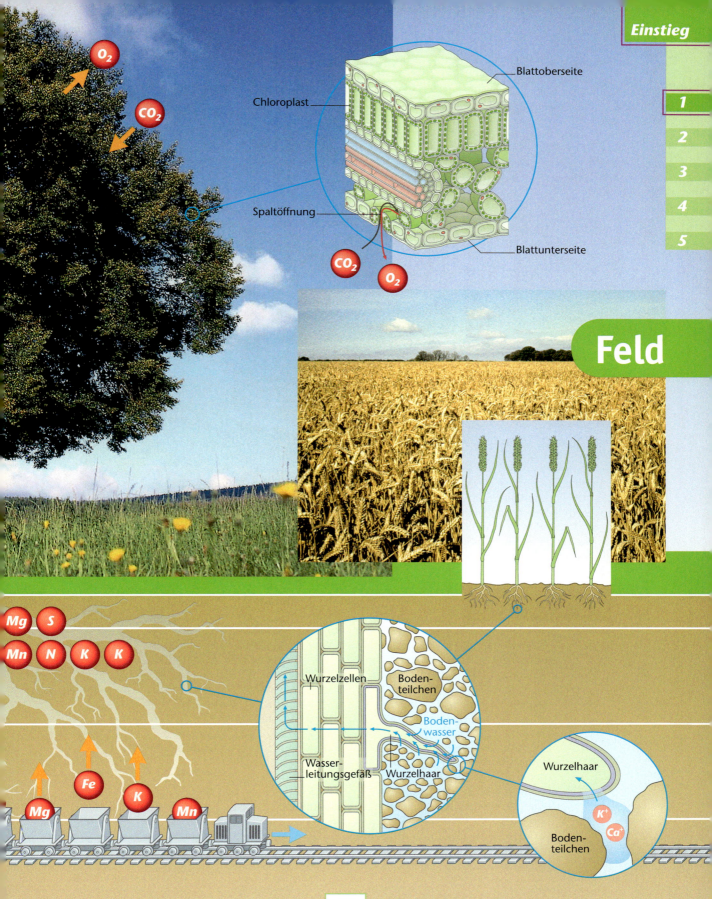

Feld

Essen und Trinken: Wovon lebt die Pflanze?

Pflanzen stehen mit Erde, Luft und der Sonne in vielfältigen Wechselbeziehungen.

1️⃣ Pflanzen sind empfindliche Lebewesen. Welche Ursachen könnte das Absterben der Pflanzen auf diesen Bildern haben?

2️⃣ In diesem Modell einer Miniwelt, einem Flaschengarten, sterben die Pflanzen über viele Monate hin nicht ab, auch wenn sie nicht gegossen oder gedüngt werden. Es geht ihnen offensichtlich gut.
a) Überlege, wie die Pflanzen sich hier ernähren können. Lege selbst einen ▶ Flaschengarten an.
b) Informiere dich bei deinen Eltern, Freunden und Bekannten, bzw. bei Gärtnern oder auf Bauernhöfen, was Pflanzen alles benötigen, um nicht zu verhungern oder zu verdursten.

3️⃣ a) Formuliere die Ergebnisse deiner Überlegungen und deiner Recherche darüber, wie sich Pflanzen ernähren, in möglichst einfachen Merksätzen, z. B.:
- Regenwasser ist zum Blumengießen am besten geeignet.
- Das Gießwasser sollte am besten Eierschalen enthalten.
- Komposterde ist die beste Blumenerde.
- Pflanzen wachsen am besten in einer Mischung aus Blumenerde und Sand.
- Feld- und Gartenpflanzen müssen mit Kunstdünger gedüngt werden, damit sie besser wachsen.

b) Solche Sätze sind Behauptungen. In der Wissenschaft benutzt man dafür das griechische Wort Hypothese. Ob eine Hypothese richtig oder falsch ist, wird mithilfe eines Experimentes überprüft. Hypothesen müssen ganz einfach und deutlich formuliert sein, damit sich leicht ein Experiment zur Überprüfung konstruieren lässt.
Lies jetzt noch einmal deine Sätze und formuliere sie als überprüfbare Hypothesen.

▶ Flaschengarten 63

4 Wie du deine Hypothesen überprüfen kannst, zeigt dir das folgende Beispiel:
Frage: Welches ist das beste Gießwasser?
Folgende Hypothesen könnte man formulieren, um dann mit einem Experiment heraus zu finden welche die zutreffende ist.

Hypothese 1: Regenwasser ist das beste Gießwasser.

Hypothese 2: Destilliertes Wasser ist das beste Gießwasser.

Hypothese 3: Destilliertes Wasser, das Eierschalen enthält, ist das beste Gießwasser.

Hypothese 4: Destilliertes Wasser, in dem Kunstdünger gelöst ist, ist das beste Gießwasser.

a) Bereite nun folgendes Experiment vor und führe es durch, um damit die Hypothesen zu überprüfen.

Du brauchst:
kleine Bohnen- und/oder Maispflänzchen, 4 hohe schlanke Gefäße (z. B. Standzylinder), Pappe, Schere, Watte, 4 Etiketten.

Gehe so vor:

Scheibe aus Pappe

Pflanze in Einschnitt schieben

Pflanze mit Wattebausch befestigen

5.2.2004
Regenwasser
Größe: 3 cm

Standzylinder

Fülle 4 Gefäße gemäß den Hypothesen mit Regenwasser, destilliertem Wasser bzw. Wasser mit den Lösungen.

Achte darauf, dass die Wurzeln im Wasser hängen. Notiere Wassersorte, Datum und Pflanzengröße auf dem jeweiligen Etikett.

b) Erkläre, wie du mit diesem Experiment die zutreffenden Hypothesen heraus finden kannst.

c) Fertige ein Versuchsprotokoll an, in das du die Beobachtungen über mehrere Wochen eintragen kannst. Ein solches Experiment heißt Langzeitexperiment (▶ wissenschaftliches Arbeiten).

Versuchsprotokoll: In welchem Gefäß wachsen die Pflanzen am besten?
Beginn des Versuches: 5.2.2004

Woche	Regenwasser	destilliertes Wasser	dest. Wasser mit Eierschalen	dest. Wasser mit Kunstdünger
1.				
2.				
3.				
4.				
5.				

d) Solche Experimente über einen langen Zeitraum gelingen nur, wenn sie über die gesamte Zeit sorgfältig betreut werden. Ihr müsst die Aufgaben verteilen und in einem Arbeitsplan festhalten, der im Unterrichtsraum aufgehängt wird.

Gruppe Eierschalenwasser

Zeitraum	Aufgabe	Person
1. Woche	Wasser nachfüllen	Paul
1. Woche	Beobachtungen eintragen	Erna
2. Woche		

Dieses Vorgehen unterscheidet ▶ wissenschaftliches Arbeiten bzw. wissenschaftliche Beobachtungen vom reinen Nachahmen oder Herumprobieren.

5 a) Vergleicht eure Ergebnisse in der Klasse. Welche Hypothese ist die zutreffende?
b) Denkt euch für die Hypothesen, die ihr zur Frage wovon die Pflanzen leben aufgestellt habt, entsprechende Experimente aus. Geht zur Überprüfung so vor, wie ihr es hier geübt habt.

▶ wissenschaftliches Arbeiten 76

Der Sache auf den „Grund" gehen

Der „Grund", von dem die Pflanzen und wir leben, ist im Laufe von Jahrmillionen durch Verwitterung (▶ Boden) entstanden.

[1] Führe dazu folgende Versuche durch.
a)

⚠ **Schutzbrille tragen!**

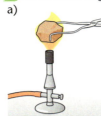

b) Lege dann eine mit Wasser gefüllte Sprengkugel in einen Eimer mit einer Eis-Kochsalz-Mischung.

c) Vergleiche die Ergebnisse der Versuche mit den Informationen über Bodenentstehung und Bodenaufbau (▶ Boden).

[2] Boden ist nicht gleich Boden

Die Begriffe Sand, Lehm, Ton und Torf hast du schon einmal gehört. Sie stellen ein grobes Unterscheidungsraster für die verschiedenen Bodenarten (▶ Boden) dar. Die folgenden Versuche zeigen dir, wie man einen Boden hinsichtlich seiner Zusammensetzung identifiziert – man nennt das auch „Ansprechen des Bodens".

a) Nimm aus dem unteren Probenteil einer mit dem Spaten genommenen Bodenprobe 1 bis 2 Esslöffel Erde und knete diese mit etwas Wasser in deiner Hand gut durch. Beginne jetzt nach der Anleitung mit der Roll- und Quetschprobe, um deine Bodenprobe zu identifizieren.

b) Parallel zu der Quetsch- und Rollprobe schlämmst du verschiedene Bodenproben in Standzylindern oder anderen hohen, schmalen Glasgefäßen auf. Fülle dazu etwa ein Fünftel der Gefäße mit Erde und gieße Wasser zu. Die Flüssigkeit soll etwa 10 cm hoch im Gefäß stehen. Danach misst du die Absetzgeschwindigkeit der einzelnen Bodenschichten (▶ Boden) und misst jeweils aus, wie dick sie sind. Informiere dich über Korngrößen (▶ Boden).

Auswertungsschlüssel für die Roll- und Quetschproben:
1. Rollprobe: Probematerial zu bleistiftdicker Wurst ausrollen:
   - rollbar: Lehm oder Tonboden → 3.
   - nicht rollbar: Sandboden → 2.
2. Reibprobe: Probe auf der Handfläche zerreiben:
   - tonige Teile sichtbar in der Handlinie: lehmiger Sand → 3.
   - keine tonigen Teilchen in Handlinie sichtbar: Sandboden
3. Rollprobe: Probe erneut rollen, zu einer Wurst von halber Bleistiftstärke
   - nicht so dünn ausrollbar: stark sandhaltiger Lehm
   - dünn ausrollbar: schwach sandiger Lehm oder Ton → 4.
4. Quetschprobe am Ohr: Probe in Ohrnähe zwischen Daumen und Zeigefinger zerreiben
   - starkes Knirschen hörbar: sandiger Lehm
   - kaum oder kein Knirschen hörbar: Lehm oder Ton → 5.
5. Quetschprobe und Prüfen der Gleitfläche: Prüfen der Gleitfläche durch Betrachten
   - glänzende Gleitfläche sichtbar: Ton
   - stumpfe Gleitfläche sichtbar: Lehm

(→ 3. = gehe zu 3.)

▶ Boden 50

3 Für die Landwirtschaft sind verschiedene Eigenschaften der Böden von großer Bedeutung. Eine kleine Auswahl kannst du hier im Experiment erproben. Weitere Vorschläge findest du in der Infothek, Stichpunkt Boden.

Besorge dir Bodenproben, die du eindeutig als Sand-, Lehm-, Ton- bzw. Torfboden identifizieren kannst. Führe mit ihnen die folgende Versuchsreihe durch, um die genannten Bodeneigenschaften zu prüfen.

a) Bodeneigenschaft: Wasserspeicherfähigkeit

b) Bodeneigenschaft: Luftdurchlässigkeit

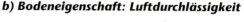
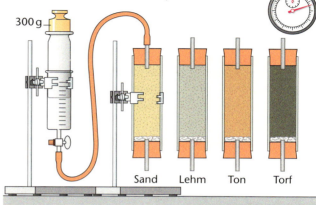

Lege auf die Abflusslöcher der Blumentöpfe etwas Watte und fülle die Töpfe gleich hoch mit lufttrockenen Bodenproben. Verdichte die Proben, in dem du sie einmal kurz auf dem Tisch aufstößt. Stelle die Blumentöpfe auf die Weckgläser und übergieße die Bodenproben langsam jeweils mit der gleichen Menge Wasser. Gieße das aufgefangene Wasser noch mehrmals über die Probe. Notiere die Durchtrittszeit beim ersten Übergießen und ermittle die Wassermenge, die von der jeweiligen Probe zurückgehalten wird.
Welche Probe hat die größte Wasserspeicherfähigkeit?

Der Kolbenprober und die Glaszylinder werden an Stativen befestigt. Nach unten wird wieder mit Watte abgedichtet und danach werden die lufttrockenen Bodenproben eingefüllt. Bei diesem Versuch werden die Glaszylinder auch oben mit Gummistopfen und Glasrohr verschlossen. Danach wird der Kolbenprober jeweils mit den oberen Glasrohren verbunden und mit dem Gewicht beschwert. Nach dem Öffnen des Hahns wird die Zeit gemessen, bis die Luftmenge durch die Bodenprobe getrieben wurde.
Welcher Boden hat die größte Luftdurchlässigkeit?

c) Bodeneigenschaft: Humusanteile im Boden

Wiege zuerst saubere Porzellantiegel genau aus. Lufttrockene Bodenproben werden gemörsert und anschließend in einem Tiegel genau gewogen (zwischen 5 g und 10 g je Probe). Setze die Tiegel in Tondreiecke auf Dreifüße, verschließe sie mit einem Deckel und erhitze bis zur Rotglut. Lass die Tiegel zugedeckt abkühlen und wiege dann erneut ohne Deckel. Welcher Boden hat den höchsten Humusanteil?

4 Lege dir zur Auswertung der Versuchsreihe (▶ wissenschaftliches Arbeiten) eine Tabelle mit den Eigenschaften Korngrößen, Wasserspeicherfähigkeit, Luftdurchlässigkeit und Humusgehalt für die verschiedenen Böden an. Informiere dich über den Nährstoffgehalt von ▶ Boden.

Was bedeuten diese Erkenntnisse für den Landwirt?

Boden sauer, Bauer ratlos?

Ob ein Boden sauer ist, zeigt der pH-Wert der Böden (▶ Nachweismethoden). Sinkt der pH-Wert unter 5, ist der Boden zu sauer.

1 Prüfe Bodenproben mit Spezialindikatorpapieren für die pH-Bereiche 3 bis 5 oder 5 bis 7. Feuchte die Proben dazu gut an und drücke den Indikatorstreifen auf die Probe. Vergleiche nach etwa einer Minute mit der vorgegebenen Farbskala.

Der pH-Wert der Böden hat große Bedeutung für die Austauschvorgänge an den Feinwurzeln der Pflanzen. Informiere dich (▶ Boden).

2 Eine andere wichtige Eigenschaft der Böden ist ihr Kalkgehalt. Du kannst dazu folgenden Versuch durchführen:

a) Versetze verschiedene Bodenproben in Porzellanschälchen mit 10 %iger Salzsäure und werte die Versuche mithilfe der Tabelle aus.

Auswertungsschema:

Keine sichtbare oder hörbare Reaktion:	kein Kalk
Kein sichtbares Aufbrausen, aber leises Zischen:	unter 1 % Kalk
Schwaches, nur kurzes Aufbrausen:	1 % bis 2 % Kalk
Deutliches, nicht anhaltendes Aufbrausen:	2 % bis 4 % Kalk
Starkes, anhaltendes Aufbrausen:	über 5 % Kalk

b) Formuliere die Reaktionsgleichung für die Reaktion zwischen der Salzsäure und dem Kalk.

3 Für viele Wildpflanzen und die meisten Kulturpflanzen sind die Wachstumsbedingungen bei sauren Böden sehr schlecht. Eine zu große Bodenversauerung kann durch Säureeintrag in den Boden, z. B. durch zu sauren Regen entstehen. Aber auch natürliche Zerfallsprozesse, bei denen sehr viele Huminsäuren gebildet werden, machen den ▶ Boden sauer.

a) Prüfe, wie Böden auf den Eintrag von Säure reagieren:

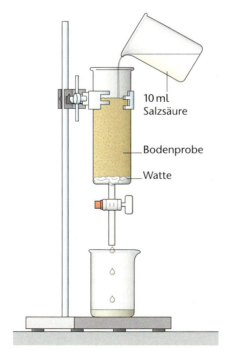

Baue den Versuch auf. Lass dir vom Lehrer, von der Lehrerin, 100 ml Salzsäure geben. Bestimme ihren pH-Wert.
Gieße zuerst 10 ml der Säure über die Bodenprobe und fange die durchlaufende Flüssigkeit in einem Becherglas auf. Bestimme erneut den pH-Wert. Wiederhole den Versuch mit 25 ml bzw. 50 ml Säure.
Findest du eine Erklärung für deine Beobachtungen?

b) Häufig spricht man davon, dass ▶ Boden ein Puffersystem sei. Warum ist diese Eigenschaft für die Pflanzen besonders wichtig?

c) Welche Möglichkeit hat der Landwirt, seinen übersäuerten Boden wieder neutraler zu machen und so die Wachstumsbedingungen für Pflanzen wieder zu verbessern?

▶ Nachweismethoden 69   ▶ Boden 50

Pflanzen „trinken" Mineralwasser

Wie jedes Tier und auch wir Menschen benötigen die Pflanzen bestimmte Nährstoffe. Diese entnehmen sie – mit Ausnahme des Kohlenstoffdioxids – dem Boden. Zusammengefasst heißen diese Stoffe Mineralstoffe (▶ Boden).

Den Chemikern sind 92 natürlich vorkommende unterschiedliche Elemente bekannt. Nur sechs von ihnen sind die Hauptnährelemente (▶ Dünger) fast aller Pflanzen.

1 a) Informiere dich darüber, wie man zeigen kann, dass bestimmte Elemente in Stoffen oder Stoffgemischen vorkommen (▶ Nachweismethoden). Übe diese Nachweismethoden ein, in dem du in sogenannten Blindversuchen (▶ wissenschaftliches Arbeiten) mit ▶ Salzen experimentierst, die deine Lehrerin oder dein Lehrer dir geben.

b) Untersuche nun mithilfe der erlernten Nachweismethoden die Eindampfrückstände von Mineralwässern, Holzasche, käuflichen ▶ Dünger und Kompost. Welche Elemente kannst du nachweisen? Lege eine Tabelle an.
Gehe folgendermaßen vor:

Mineralwasser eindampfen

Feststoffe (Asche, Dünger, Kompost, Rückstand aus dem Mineralwasser) mit wenig Wasser aufnehmen

Aufschlämmung filtrieren und Nachweis durchführen

2 Dieser Versuch zeigt dir, in welchem Verhältnis die Nährstoffe von der Pflanze benötigt werden. Benutze wieder kleine Bohnen- oder Maispflänzchen.

Bestandteile der Nährlösungen						
1 l destilliertes Wasser	X	X	X	X	X	X
1 g $Ca(NO_3)_2$	X		X	X	X	
0,25 g KNO_3	X	X		X	X	
0,25 g $MgSO_4$	X	X	X	X		
0,25 g KH_2PO_4	X	X			X	
einige Tropfen $FeCl_2$	X	X	X	X	X	

Formuliere das Ergebnis deines Versuchs und vergleiche es mit dem Liebigschen Minimumgesetz (▶ Dünger).

Essen und Trinken — Lust und Frust

Ergänze die Bildergeschichte mit Worten und Gedanken.

Kalorientabelle

Bezeichnung	Menge	kcal	kJ
Hamburger	100 g	270	1130
Pommes Frites	100 g	350	1464
Currywurst mit Ketchup	150 g	516	2160
Hot Dog	115 g	330	1380
Donut mit Zucker	70 g	295	1240
Berliner	60 g	310	1310
Cola	0,33 l	185	795
Orangensaft, ungezuckert	0,2 l	90	385
Apfelsaft, gezuckert	0,2 l	95	405
Kakao	150 ml	140	590
Milch-Shakes	100 g	120	500
	0,2 l	65	27

Ich hab' Hunger!

Einstieg

„Der Mensch ist, wie und was er isst."

Familie am Mittagstisch

„Moderne" Brotzeit

1 Wie und was essen wir?

Bis zum Ende der Altsteinzeit (▶ Zeitalter) lebten die Menschen als Wildbeuter, sammelten, jagten und fischten ihre Nahrung.
▶ Ernährungsverhalten und Esskultur haben sich gewandelt: Heute kaufen die meisten Menschen im Supermarkt die Zutaten für ihr Essen ein – manchmal sogar ganze Mahlzeiten – und bereiten sie auf ganz unterschiedliche Weise zu.

a) Suche im Lexikon oder im Internet die auf der Karte angegebenen Pflanzen und notiere deren Lebensgrundlagen sowie ihre Verwendung für Mensch oder Tier.
b) Begründe den Zusammenhang vom Anbau von Körnern und von früher Schriftkultur.
c) Untersuche deine Nahrung: Wie viel besteht aus Körnern und Körnerprodukten? Stelle in Gewichtseinheiten oder in Prozent zusammen.

Körnerpflanzen lieferten die Grundlage der schriftbesitzenden Kulturen

2
War Fleisch in der Antike und im Mittelalter (▶ Zeitalter) für viele Menschen eine Kostbarkeit, so hat sich vor allem in neuerer Zeit ein Wandel vollzogen.
Eine Großmutter erzählt: „Morgens kamen Brot, Grütze und Mehlsuppe auf den Tisch, mittags gab es eine ordentliche Portion Kartoffeln und Gemüse der Saison. Im Winter aßen wir oft monatelang Kohl und Rüben. Abends wurden Brot, Milch und ein wenig Wurst oder Hering gegessen."

Speiseplan von damals (1957) und heute (2003)

a) Stelle die Speisepläne in Form einer Tabelle dar.
b) Vergleiche die Mengen miteinander und suche nach Begründungen für die Entwicklung.
c) In welchem Verhältnis stehen heute pflanzliche und tierische Bestandteile in unserer Nahrung? Suche eine Begründung.

▶ Zeitalter 77   ▶ Ernährungsverhalten 62

Hauptsache es schmeckt?

Wenn die Tiere reden könnten

Massentierhaltung von Hühnern

Üblicher Großtiertransport

1 „Wir tragen den hohen Fleischkonsum auf dem Rücken unserer Mitgeschöpfe aus!" (▶ Haltungsformen)

a) Beschreibe deine Gefühle, wenn du die Bilder von der Haltung und vom Transport der Tiere siehst?
b) Denke dir ein Interview mit einem Tier aus.

c) Nenne Gründe für und gegen eine Intensivtierhaltung aus der Sicht
• eines Tierzüchters,
• eines Tierschützers,
• eines Verbrauchers.

2 Das „etwas andere Restaurant" ist nicht mehr aus unserem alltäglichen Leben wegzudenken. Der „Burger" ist, hauptsächlich bei jungen Leuten, regelmäßiger Bestandteil des Speiseplans. Die Fakten rund um den Burger sind allerdings nicht unproblematisch.

- Der Regenwald wird abgeholzt, um Weideflächen zu schaffen.
- Der Konsum an Rindfleisch in den USA übersteigt die Produktion im Inland. Beträchtliche Mengen an Fleisch werden aus Mittelamerika importiert.
- Im Regenwald überwintern viele Zugvögel aus Nordamerika.
- Immer weniger Zugvögel kehren im Frühjahr zurück, weil sie auf den schwindenden Regenwaldflächen nicht genug Nahrung finden und zu geschwächt für den Rückflug sind.
- Um die abnehmende Anzahl rückkehrender Vögel zu ersetzen, die auf den Feldern schädliche Insekten vertilgen würden, müssen die Farmer in den USA mehr chemische Schädlingsbekämpfungsmittel versprühen.
- Von Schädlingsbekämpfungsmitteln gelangen Rückstände durch die Maiskörner, aus denen die Cornflakes gemacht werden, im Frühstück, und dann …

a) „Ich esse Regenwald! Du auch?" Führe eine Diskussion in der Klasse.
b) Recherchiere, woher das Fleisch kommt, aus dem ein Burger gemacht wird, der in Deutschland gegessen wird.
c) Kritiker behaupten, wir wären Teil einer globalen Kampagne. Fachleute haben inzwischen dafür den Begriff „McDonaldisierung" (Georg Ritzer, ▶ Nachhaltigkeit) geprägt. Was bedeutet dieser Begriff? Findest du ihn gut? Begründe.
d) Was macht den Erfolg solcher Unternehmen nach eurer Ansicht aus?

▶ Haltungsformen 64   ▶ Nachhaltigkeit 68

Was ist schön und gesund – dick oder dünn?

„Rubensdame" Top-Model heute

1 Was schön ist, darüber lässt sich sicher streiten – oder auch nicht! Was gesund ist, darüber scheinen die Wissenschaftler schon eher eine gemeinsame Auffassung zu haben. Viele Faktoren beeinflussen unser Leben, so dass beides zusammen gar nicht so einfach zu beurteilen ist. Äußere dich zu den beiden Bildern.

2 *Essen macht Spaß, hält uns fit und schön*

Nahrung liefert ▶ Energie (Fette, Kohlenhydrate) und Bausubstanzen (Eiweiß, Wasser) für Haut, Haare, Knochen, Muskeln und Organe. Außer diesen ▶ Nährstoffen enthält sie lebenswichtige ▶ Ergänzungsstoffe z.B. Schutzstoffe wie Vitamine und Mineralstoffe. Sie sorgen dafür, dass alle Körperfunktionen in Gang bleiben.

sehr wenig essen
Süßigkeiten

wenig essen
Fett

weniger essen
Milchprodukte, Fleisch und Wurst

einiges essen
Gemüse und Obst

reichlich essen
Getreideprodukte

reichlich trinken
1,5 – 2 l täglich

Idealform der Ernährungspyramide

a) Vergleiche deine tägliche Ernährung mit der idealen Ernährungspyramide und begründe Abweichungen.

b) Suche nach Ursachen für die Krankheitsbilder in Deutschland.

Krankheitsbilder in Deutschland	
Zahnkaries	98%
Übergewicht	45%
Chronische Verstopfung	30%

„Volkskrankheiten" wie zu hoher Blutdruck, Gicht, Gallensteine, arterielle Durchblutungsstörungen sowie Erkrankungen des Herz-Kreislaufsystems und der Verdauungsorgane sowie eine Form der Zuckerkrankheit (Diabetes mellitus) wird mit falscher Ernährung in Verbindung gebracht. Zu viel Fett und zu wenige Ballaststoffe sollen verantwortlich sein für ein erhöhtes Risiko, an Krebs zu erkranken (▶ Ernährungsverhalten).

c) Welcher Zusammenhang besteht offenbar zwischen Fernsehkonsum und Körpergewicht? Kannst du dem zustimmen?

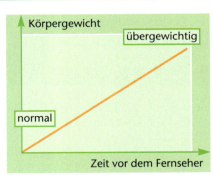

Täglicher Fernsehkonsum von Kindern/Körpergewicht

3 Wie sehen unsere gegenwärtigen Ernährungsgewohnheiten in Deutschland wirklich aus? Auskunft darüber gibt der Ernährungsbericht, der alle vier Jahre von der Deutschen Gesellschaft für Ernährung (DGE) im Auftrag des Bundesministeriums für Gesundheit und des Bundesministeriums für Verbraucherschutz, Ernährung und Landwirtschaft erarbeitet und herausgegeben wird (▶ Ernährungsverhalten).
Recherchiere im Internet z.B. mit den Stichworten „Verbraucher", „Gesundheit", „Ernährung" oder „DGE" nach Aussagen zu diesen Themen.

▶ Energie 56   ▶ Nährstoffe 73   ▶ Ergänzungsstoffe 61   ▶ Ernährungsverhalten 62

4 Wenn „Schönheit" krank macht

Nach Einschätzung von Fachleuten leiden viele unter euch unter Essstörungen (▶ Ernährungsverhalten): Sie setzen Kummer in Speck um oder diäten sich krank. Egal ob zu dick oder zu dünn, ob Junge oder Mädchen – immer hungert die Seele mit.

Robin, 15 Jahre, wog bei einer Größe von 1,70 m an die 90 kg und futterte Schokolade gegen die Einsamkeit. Sonja, 14 Jahre und 1,67 m groß, brachte 45 Kilo auf die Waage, eiferte hungernd der Figur klapperdürrer Models nach.
Die beiden erzählen:

„Weil mein Vater auf Deftiges steht, gab es bei uns regelmäßig Kalorienbomben. Da hab' ich eben mitgegessen. Lange dachte ich, meine Mutter versteht das doch nicht. Sie hat immer nur gesagt: „So dick bist du gar nicht. Schau dir den Papa an, der ist wirklich dick". Ich wurde immer dicker und mein Selbstbewusstsein immer dünner. In der Schule riefen sie immer ‚Fettwanst', irgendwann konnte ich nicht mehr aufhören zu weinen. Meine Mutter nahm mich dann in den Arm und ich redete mir den ganzen Frust von der Seele. Ich hatte dann einen Termin mit einer Ernährungsberaterin und jetzt sind schon 20 Kilo runter. Aber nur mit viel Geduld, ausgewogener Ernährung und Sport."

„Bei mir ging es mit 13 los. Ich war ein wenig pummelig und total unglücklich. Ich wollte so schlank sein wie ein Model. Ich hab' mir dann eine Kalorientabelle besorgt und jede Kalorie gezählt. Ich hab' nur noch an Kalorien gedacht und alles über Diäten gelesen, Abführmittel geschluckt und Entwässerungstees getrunken. Mir war ständig kalt und schwindelig. In der Schule bin ich auch in Ohnmacht gefallen. Meine Haare wurden stumpf und die Haut stark pickelig. Egal, ich konnte an nichts anderes denken als an essen, essen, essen. Nach drei Tagen Hungern stopfte ich alles in mich hinein, dann steckte ich mir regelmäßig den Finger in den Hals. Ich hatte immer Zahnpasta dabei, damit keiner riecht, wenn ich erbrochen hatte. Nach einem Jahr hat mich Mutter in flagranti erwischt. Ich war froh, entdeckt zu werden. Mein Hausarzt brachte meinen Körper medizinisch wieder in Ordnung, eine Therapeutin kümmert sich um mein seelisches Wohlbefinden. Ich will nie mehr superschlank sein!"

a) Formuliere Fragen an die beiden, als würdest du ein Interview führen wollen.

b) Überlegt gemeinsam: Wer bestimmt eigentlich, was „schön" ist?

c) Mach den Body-Check (▶ Ernährungsverhalten).

5 Diät-Falle „Jo-Jo-Effekt"

a) Beschreibe den Jo-Jo-Effekt einer „üblichen" Diät. Suche nach Ursachen für dieses Phänomen.

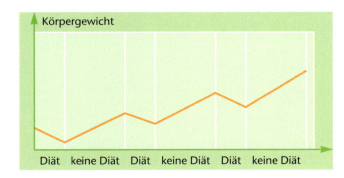

b) Körper-Doping der erlaubten Art: Fleisch liefert Eiweiß für die Muskeln und bewirkt eine bessere Nutzung der Vitamine und Mineralstoffe auch aus anderen Lebensmitteln. Kohlenhydrate aus Brot und Kartoffeln liefern schnelle Energie. Gemüse und Obst sorgen mit Vitaminen und Mineralstoffen für Schnelligkeit und Konzentration. Bewegung bringt den Stoffwechsel in Gang und statt Fettpölsterchen werden Muskeln angelegt. Also: Fit is(s)t, wer …! Formuliere einen Merksatz.

▶ Ernährungsverhalten 62

Orangen(-saft): Für alle gesund?

1 Viele essen gerne Orangen, trinken vielleicht noch lieber den Saft dieser Frucht, die zu den Zitrusfrüchten zählt. Wir Deutschen mögen sie sogar ganz besonders, obwohl sie nicht in Deutschland wächst und importiert werden muss. Wo kommen die meisten Orangen her?

Süßer Saft – bitteres Leben:
Sidnei, 12 Jahre alt, lebt in Brasilien im Bundesstaat Sao Paulo,
Beruf: Orangenpflücker

„Ich arbeite jeden Tag als catador (Pflücker) auf der Orangenplantage. Nach etwas Kaffee und Weißbrot, werde ich um 6 Uhr morgens mit dem Bus abgeholt und auf die Plantage gefahren. Wir pflücken im Akkord. Ein voller Pflückbeutel wiegt etwa 25 kg. Unseren Lohn erhalten wir nach Zahl der Kisten, für eine volle bekommen wir etwa 40 Centavos*.
Wir arbeiten 10 Stunden am Tag, die ganze Woche, manch-

*Das sind umgerechnet z. Z. etwa 0,20 EURO (100 Centavos = 1 Real)

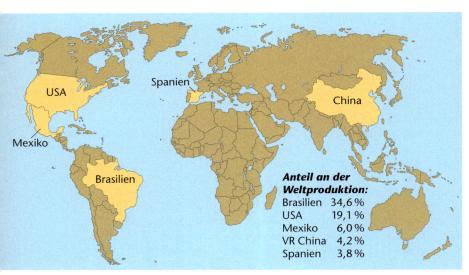

Anteil an der Weltproduktion:
Brasilien 34,6 %
USA 19,1 %
Mexiko 6,0 %
VR China 4,2 %
Spanien 3,8 %

Wichtigste Orangenanbauländer der Erde

2 Fasse die wichtigsten Probleme im Leben von Sidnei in Stichworten zusammen.

3 Orangen für den Weltmarkt – Lebensmittel für die Bevölkerung?
Ein Glas Orangensaft täglich deckt den Bedarf an Vitamin C (▶ Ergänzungsstoffe). Jeder Deutsche trinkt jährlich ca. 10 Liter davon, in zunehmendem Maße mehr als heimischen Apfelsaft.
a) Sortiere die Informationen nach ökonomischen, ökologischen und sozialen Aspekten. Erstelle Stichwortlisten.
b) Bei der Herstellung des Orangensaftes spielen die drei Aspekte eine Rolle. Stellt positive und negative Gesichtspunkte gegenüber. Beschreibt so den Grad der ▶ Nachhaltigkeit des Produktes.

Nach der Ernte werden die Früchte zu Konzentratanlagen transportiert. Dort wird der Saft in Verdampfungsanlagen konzentriert, auf Minustemperaturen gekühlt, zum Hafen gefahren und in Tiefkühlschiffen nach Europa gebracht. Das Produkt ist so haltbarer und kann platzsparend transportiert werden. In Deutschland wird das Konzentrat verdünnt und Aroma zugesetzt. Der Saft wird in Flaschen abgefüllt und per LKW zum Handel transportiert.

Nach Schätzungen des gewerkschaftlichen Dachverbandes CUT in Brasilien war noch im Jahr 1995/96 ungefähr ein Drittel aller Kinder der Region im Orangenanbau als Pflücker beschäftigt. Brasiliens Exportverband bestreitet aber, jemals Kinder unter 14 Jahren beschäftigt zu haben. Die großen Konzerne, die in ihren Saftpressereien das Orangenkonzentrat herstellen lassen, nehmen die Kinderarbeit nicht zur Kenntnis. Sie geben eine etwaige Schuld ihren Arbeitsvermittlern und Aufsehern, den „gatos", denen wiederum die Pflücker verpflichtet sind.

Brasilien, Bundesstaat Sao Paulo:
- 20 000 Orangenplantagen
- 150 Mio. Orangenbäume
- Plantagenfläche gesamt: 50 000 km²
- 20 % der gesamten Landesfläche
- 50 % der landwirtschaftlichen Fläche

Ökobilanz pro Liter Orangensaft:
22 Liter Wasser
0,4 Liter Kraftstoff
1,5 kg CO_2-Ausstoß

Soziale/wirtschaftliche Kosten:
Ladenpreis bei uns: 1,00 EURO/Flasche
davon Lohnkosten:
Anteile Pflücker: 0,25 %
Insgesamt: 10 % der Produktionskosten

85 % der Produktion liegt bei nur 4 Unternehmen.

Intensive chemische Pflanzenschutzmaßnahmen

hoher Einsatz von Düngemitteln

▶ Ergänzungsstoffe 61   ▶ Nachhaltigkeit 68

"mal auch Sonntags. Die Orangen müssen von Hand geerntet werden. Sie wachsen zum Teil hoch in den Bäumen. Wir ernten sie von Leitern aus, auch mit vollem Pflückbeutel. Mindestens 10-mal in der Stunde schleppe ich diesen Beutel 80 m weit zum Plastikkasten.
An Bisse von Schlangen und Wespenstiche habe ich mich gewöhnt, aber die Spritzmittel beißen in der Nase.
Unser größtes Problem sind die schweren Kisten. So etwa 80 Kisten schleppe ich am Tag, über 2 Tonnen Orangen. Mein Vater kann wegen seines kranken Rückens nicht mehr den vollen Akkord leisten. Daher müssen ich und mein Bruder mithelfen, sonst würden wir hungern.
In die Schule gehe ich nicht, Zeit zum Spielen habe ich kaum."

Fair gehandelte Produkte

4 Fairer Handel – was heißt das?

a) Kaffee, Tee und Schokolade – in neuerer Zeit auch der Orangensaft – sind die klassischen Genussmittel der Neuzeit. Sie kamen im Zuge der Eroberungen aus den Kolonien (▶ Handel) aus „Übersee". Sie begleiten uns vom Frühstückskaffee oder Kakao mit dem als gesund angesehenen Orangensaft über die kleine Zwischenmahlzeit mit Schokolade bis zum Abendtee.
Zwar gibt es seit den 60er-Jahren des vorigen Jahrhunderts heute kaum noch Kolonien. Das bedeutet aber nicht, dass die Ausbeutung der Kolonialzeit (▶ Zeitalter) verschwunden wäre. Es haben sich lediglich die Mechanismen der Ausbeutung (▶ Handel) verändert. Nach wie vor werden – besonders in den Ländern des Südens, auch „Dritte Welt", genannt – billige Rohstoffe produziert und in den Industrieländern des Nordens veredelt und weiterverarbeitet, schließlich vermarktet und konsumiert. Dabei stehen ökonomisch starke Konzerne einer Vielzahl von kleinen Produzenten und Lieferanten gegenüber, sodass die Preisverhandlungen meist zu Ungunsten der Erzeuger ausgehen.

Beschreibe Mechanismen der Ausbeutung früher und heute.

b) „Durch den Kauf der Produkte nehmen wir Einfluss auf die Lebensumstände der Menschen, die z.B. die Orangen ernten und verkaufen." Erkläre die Bedeutung dieses Satzes.

c) Seit geraumer Zeit gibt es europäische Organisationen wie „GEPA" und „TRANSFAIR", die sich für einen fairen ▶ Handel einsetzen. Beschreibe die Aufgabe und Zielsetzung dieser Organisationen.
Suche in verschiedenen Supermärkten nach fair gehandelten Produkten, auch nach Orangensaft, und vergleiche die Preise mit anderen Marken. Wie lässt sich der Einsatz von solchen Produkten in deinem persönlichen Umfeld, auch in der Schule, verbessern?

> Anregungen zu einem Klassen- oder Schulprojekt:
> Wir untersuchen unseren Schulkiosk unter dem Gesichtspunkt der ▶ Nachhaltigkeit. Wo kommen die Produkte her? Woraus sind sie hergestellt? Unter welchen Bedingungen werden sie hergestellt? Was lässt sich konkret an unserer Schule verändern?

▶ Handel 64 ▶ Zeitalter 77 ▶ Nachhaltigkeit 68

Sonne macht mobil

Was „tankt" der Mensch?

Fett, Eiweiß, Kohlehydrate

Wie viel Diesel steckt im Brot?

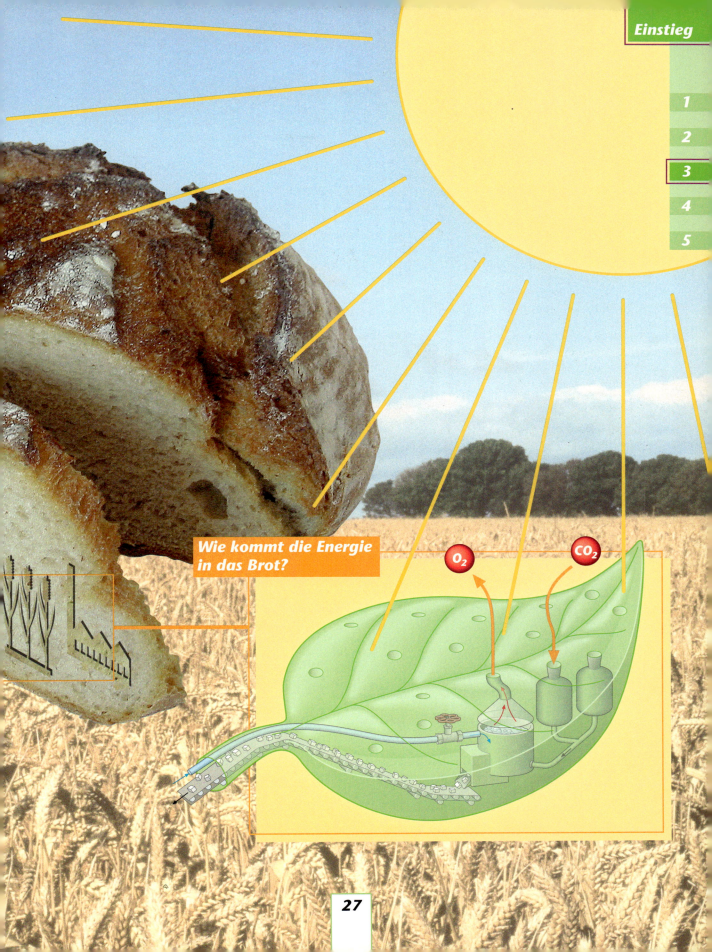

Wie kommt die Energie in das Brot?

Was „tankt" der Mensch?

Nahrungsmittel als Energielieferanten

Einer der wichtigsten Brennstoffe für die „Maschine Mensch" ist das Brot. Aber der Mensch lebt nicht vom Brot allein.

Durchschnittlicher täglicher Energiebedarf Jugendlicher in kJ (DGE):		
	männlich	weiblich
10 – 12 Jahre	9 400	9 000
13 – 14 Jahre	10 500	9 600
15 – 18 Jahre	12 550	10 040

2 Der Gesamtenergiebedarf des Menschen setzt sich aus seinem Grundumsatz und seinem Leistungsumsatz (▶ Energie) zusammen. Er hängt ab von Größe, Gewicht, Alter und Tätigkeit.

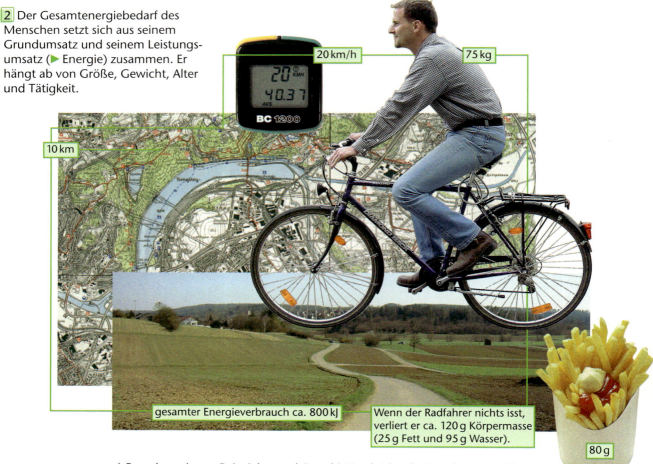

Frühstück
Was? | Wie viel? | Energiegehalt in kJ

1 **Esstagebuch**
Führe über alles, was du in einer Woche isst, ein Protokoll (Frühstück, Mittagessen, Zwischenmahlzeiten usw.).
Ermittle aus einer Kalorientabelle den Energiegehalt (▶ Energie) deiner Mahlzeiten für die einzelnen Tage.

Entspricht deine tägliche Energiezufuhr dem Energiebedarf deiner Altersklasse?
Was passiert, wenn dein Essverhalten auf Dauer so bleibt, wie in der Woche, die du protokolliert hast?

20 km/h — 75 kg — 10 km — gesamter Energieverbrauch ca. 800 kJ — Wenn der Radfahrer nichts isst, verliert er ca. 120 g Körpermasse (25 g Fett und 95 g Wasser). — 80 g

a) Berechne eigene Beispiele aus deinem Tagesablauf.
Eine Hilfe zur Berechnung des Energieumsatzes findest du z. B. auf der Homepage der Deutschen Gesellschaft für Ernährung (DGE) unter dem Stichwort „Verbraucher-Infos" → „Bodycheck".

b) Vergleiche die Angaben verschiedener Kalorientabellen (▶ Energie) für 100 g Pommes Frites. Kannst du dir die Unterschiede erklären?

▶ Energie 56

3 Wie steckt die Energie eigentlich in der Nahrung?

Ein und der selbe Stoff kann sowohl Energielieferant für Mensch und Tier sein als auch Brennstoff für Motoren. Die Rapspflanze z. B. dient als Futtermittel, aus Rapsöl wird Margarine hergestellt, man kann damit aber auch Dieselmotoren betreiben.

Wie ermittelt man den Energiegehalt von Raps oder eines anderen organischen Materials? Im Labor verbrennt man eine genau abgewogene Probe in einem mit Wasser umgebenen Gefäß (Kalorimeter, ▶ Energie).

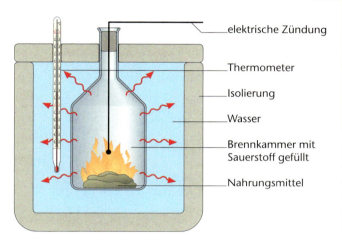

- elektrische Zündung
- Thermometer
- Isolierung
- Wasser
- Brennkammer mit Sauerstoff gefüllt
- Nahrungsmittel

Damit die Verbrennung (▶ Energie) schnell und vollständig erfolgt, wird sie nicht mit Luft sondern mit reinem Sauerstoff durchgeführt. Aus der Erhöhung der Temperatur des Wassers lässt sich der Brennwert und damit der Energiegehalt ermitteln.

4 Essen bedeutet Aufnahme von Energie.

a) Entwickle aus der Abbildung eine einfache Nahrungspyramide für ein Frühstücksei aus konventioneller Hühnerhaltung. Berücksichtige, dass das Gewicht des Fressenden durchschnittlich nur um $1/10$ der aufgenommenen Nahrung zunimmt, d. h. mit 100 kg Fischmehl können etwa 10 kg Hühner heranwachsen.

b) Warum ist die von dir erstellte Nahrungspyramide mit Sicherheit zu einfach?

c) Inwiefern ist deine Nahrungspyramide zugleich eine Energiepyramide? Nenne Gründe für den Verlust von rund 90 % Masse und Energie von einer Ebene zur nächsten. Was ist eigentlich die Basis dieser Energiepyramide?

d) Vergleiche Lebewesen, die am Ende einer langen bzw. einer kurzen Nahrungs- und Energiekette stehen. Wo ist der Mensch einzuordnen? Wo steht die Kuh?

e) Erkläre was der Satz bedeutet: „Der Weg der Energie ähnelt einer Einbahnstraße."

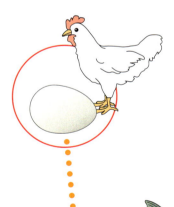

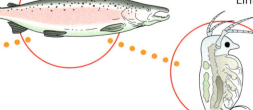
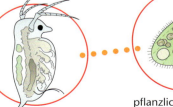

pflanzliches Plankton

Kleinkrebse

▶ Energie 56

Wie viel Diesel steckt im Brot?

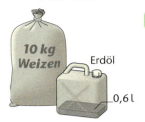

1 Um Weizen, Reis und Kartoffeln zu erzeugen ist ▶ Energie von der Sonne notwendig. Zusätzlich braucht man noch Energie aus fossilen Brennstoffen. Umgerechnet auf Erdöl werden für 10 kg geernteten Weizen etwa 0,6 l Öl benötigt.

a) Finde heraus für welche Zwecke Energie aus fossilen Brennstoffen in der Landwirtschaft eingesetzt wird (▶ Energieeinsatz).
b) Welche der heute verwendeten Maschinen gab es vor 150 Jahren schon? Welche Art von Energie (außer Sonnenenergie) wurde damals eingesetzt? (▶ landwirtschaftlicher Betrieb)
c) Ökobauern sagen, dass sie nur halb so viel Fremdenergie benötigen wie konventionell wirtschaftende Landwirte. An welchen Stellen sparen sie Energie ein? (▶ Nachhaltigkeit)
d) Wiege eine Scheibe Brot und schätze ab, wie viel Energie aus Erdöl darin steckt. Warum erfasst deine Abschätzung nicht den gesamten Energieaufwand, der für die Brotherstellung nötig ist?

2 *Energie steckt im ▶ Dünger*
Vor über 100 Jahren wurde stickstoffhaltiger Guano-Dünger aus Chile nach Europa transportiert. Für seine Fahrt von Südamerika nach Deutschland brauchte ein Dampfschiff etwa 50 t Kohle und transportierte dabei 100 t Guano. Wie viel Energie (in kg Kohle) war damals in einem kg Dünger „versteckt"? Wo außer beim Schiffstransport wurde noch Energie eingesetzt?

3 *Chemischer Kunstdünger*
Seit 1918 werden die Ausgangsstoffe für Stickstoffdünger durch das Haber-Bosch-Verfahren hergestellt. Informiere dich, in welcher Form und wie viel Energie bei der Herstellung von ▶ Dünger aufgewandt wird.

4 Durch Düngemitteleinsatz lassen sich die Ernte-Erträge steigern. Was kannst du aus der Grafik zum Verhältnis von Düngemitteleinsatz und Ernte-Erträgen sagen.

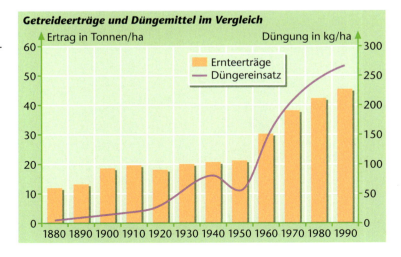

Getreideerträge und Düngemittel im Vergleich

▶ Energie 56   ▶ Energieeinsatz 58   ▶ landwirtschaftlicher Betrieb 59
▶ Nachhaltigkeit 68   ▶ Dünger 54

5 Produktlinienanalyse (PLA, ▶ Nachhaltigkeit)

Bei einer PLA wird der gesamte Lebenslauf eines Produktes von der Gewinnung der Rohstoffe über die Produktion und Verteilung bis hin zur Verwertung bzw. Beseitigung betrachtet. Dabei werden Energie- und Materialaufwand, Belastungen von Boden, Wasser und Luft, sowie Auswirkungen auf den Menschen analysiert. Die Grafik zeigt für die Herstellung von Weizenmehl nur die Prozesse, bei denen Energie eingesetzt wird.

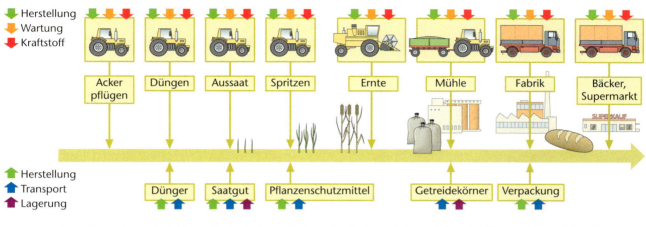

Arbeitsschritt	wie/wodurch	was
Pflügen	Traktor	Kraftstoff, Energie zur Herstellung und Wartung

a) An welchen Stellen und in welcher Form wird bei der Produktion von Weizenmehl Energie eingesetzt? Stelle deine Ergebnisse in einer Tabelle zusammen. Denke auch an versteckte Energiemengen.

b) Entwickle eine Produktlinienanalyse für ein anderes Lebensmittel, z. B. für ein Brathähnchen oder für eine Banane. Stelle deine Überlegungen in einer ähnlichen Grafik dar. Informiere dich über Ergebnisse von Produktlinienanalysen im Internet.

6 Energie aus der Landwirtschaft?

Energie wird nicht nur von außen in die landwirtschaftliche Produktion eingespeist, die Biomasse selbst ist gespeicherte Sonnenenergie. Pflanzliche Produkte können einerseits zur Ernährung von Mensch und Tier genutzt werden, andererseits aber auch für technische Prozesse. Aus organischen Abfällen wird Biogas gewonnen, Pflanzenöle eignen sich nach chemischer Veränderung als Biosprit oder Biodiesel (▶ Energieeinsatz).

Die Produktion von Biosprit ist sehr begrenzt. Pro Quadratmeter landwirtschaftlicher Fläche bilden sich jährlich etwa 1–2 kg Biomasse. Baut man Raps an, dann erntet man durchschnittlich 0,3 kg Rapssamen pro Quadratmeter. Wie viel Raps-Öl (in kg) könnte man gewinnen, wenn das gesamte Ackerland in Deutschland (13 Mio. ha) ausschließlich mit Raps bepflanzt würde und mit einer Ausbeute von 40 % Öl gerechnet werden kann?
Zum Vergleich: PKWs mit Dieselmotor haben im Jahr 2000 in Deutschland 6,6 Mio. t Dieselkraftstoff verbrannt.

▶ Nachhaltigkeit 68   ▶ Energieeinsatz 58

Wie kommt die Energie ins Brot?

Die Energie von der Sonne wird von den grünen Pflanzen in energiereichen Kohlenstoffverbindungen gespeichert. Wir Menschen setzen diese Stoffe in verschiedener Weise ein, um daraus Energie zu gewinnen. Der Kohlenstoff-Kreislauf ist eine riesige Energiepumpe.
Die Experimente zeigen dir einige Stationen des Kohlenstoffkreislaufs. Bearbeitet die Experimente in eurer Gruppe und findet heraus, was an der jeweiligen Station mit dem Kohlenstoff passiert.

1 Pflanzen binden bei der Fotosynthese CO_2 aus der Luft

Fülle ein Reagenzglas zu ³⁄₄ mit Leitungswasser, gib fünf Tropfen Bromthymolblau-Indikatorlösung (▶ Nachweismethoden) dazu und blase mit einem Strohhalm so lange Ausatemluft durch, bis sich der Indikator gelb färbt. Gib jetzt einen Spross Wasserpest in das Reagenzglas und stelle es in einem RG-Ständer ins Licht. Trage deine Beobachtungen in ein Protokoll ein. Warum bewirkt die eingeblasene Atemluft eine Änderung der Indikatorfärbung? Welcher Prozess führt dazu, dass der Indikator am Ende wieder blau vorliegt.

2 Pflanzen bauen Biomasse auf

Wiege eine leere trockene Petrischale, ein passendes Stück Filtrierpapier und einen halben Teelöffel Kressesamen. Lass die Kresse auf dem angefeuchteten Papier in der Petrischale keimen und eine Woche weiter wachsen. Das Papier muss dabei immer feucht bleiben.
Lass den Anzuchtversuch austrocknen und wiege wieder.
Wie groß ist die Gewichtszunahme? Wie viel CO_2 ist gebunden worden? Mach deine Angaben in Gramm und in Liter.

3 Fossile Brennstoffe sind stillgelegte Biomasse

Gib ein Aststückchen oder andere Pflanzenteile in ein nicht schmelzendes Reagenzglas und halte es über die heiße Bunsenbrennerflamme. Pass auf, dass sich der Inhalt nicht entzündet. Was beobachtest du? Der Versuch ist ein Modell für die Bildung von Kohle. Wodurch unterscheidet sich der erdgeschichtliche Prozess von diesem Experiment. Welche Arten von fossilen Brennstoffen kennst du? Was weißt du über ihre Entstehungsgeschichte?

⚠ Abzug! Schutzbrille tragen!

▶ Nachweismethoden 69

CO₂

C

C gebunden als Kohlenhydrate oder Kohlenwasserstoffe

Wasser

Sauerstoff

6 Die Atmosphäre stellt einen riesigen CO_2-Speicher dar
Sauge Raumluft durch eine Waschflasche, in der sich etwas Kalkwasser befindet. Wiederhole mit Luft von draußen. Findest du Unterschiede? Wie groß ist die durchschnittliche CO_2-Konzentration in der Luft? Wie hat sie sich in den letzten Jahrzehnten verändert?

5 Beim Verbrennen und Veratmen wird wieder Kohlenstoffdioxid frei
a) Blase Atemluft durch eine Waschflasche mit Kalkwasser (▶ Nachweismethoden). Hauche Atemluft gegen einen Spiegel.
b) Sauge die Verbrennungsgase einer Feuerzeugflamme durch eine Waschflasche mit Kalkwasser. Halte die Feuerzeugflamme 10 Sekunden unter die Öffnung eines umgekehrten, trockenen Erlenmeyerkolbens.
Welche Verbrennungsprodukte hast du mit den Versuchen nachgewiesen? Was unterscheidet Atmung und Verbrennung, was haben beide Prozesse gemeinsam?

4 In Biomasse steckt Energie für Mensch und Maschine
Gib etwas (Zigaretten-)Asche auf ein Stück Zucker und entzünde es. Überlege dir ungefährliche Versuche, mit denen du zeigen kannst, dass die von Pflanzen gebildete Biomasse und daraus hergestellte Produkte immer auch Brennstoffe sind und Energie freisetzen können.

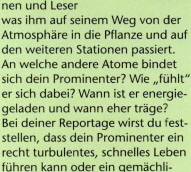

Du begleitest als Reporter den Weg eines Kohlenstoffatoms. Berichte für deine Leserinnen und Leser was ihm auf seinem Weg von der Atmosphäre in die Pflanze und auf den weiteren Stationen passiert. An welche andere Atome bindet sich dein Prominenter? Wie „fühlt" er sich dabei? Wann ist er energiegeladen und wann eher träge? Bei deiner Reportage wirst du feststellen, dass dein Prominenter ein recht turbulentes, schnelles Leben führen kann oder ein gemächliches jahrmillionenlang ruhendes.

Stelle deine Reportage über den ▶ CO_2-Kreislauf als Comic-Strip dar.

▶ Nachweismethoden 69   ▶ CO_2-Kreislauf 52

Landwirtschaft und Handel

im Wandel

Einstieg

1
2
3
4
5

35

Jeden Tag ein Ei – und sonntags auch mal zwei

Der Eierkonsum hat sich in Deutschland von 1950–1990 fast verdoppelt. Seit ungefähr 10 Jahren bleibt er auf diesem hohen Niveau.

Eierverbrauch pro Kopf in Deutschland
Zahlen vor 1990 nur alte Bundesländer

Anzahl	130	150	254	215	223	222
Jahr	1950	1960	1990	1993	2000	2001

[1] Überlege, wie viele Eier du in der letzten Woche gegessen hast. Gibt es einen Unterschied zur Grafik? Erkläre?

[2] Bei der Freilandhaltung haben die Hühner die Möglichkeit aus dem Stall nach draußen zu gehen. Dabei sind 10 m² Fläche pro Huhn vorgeschrieben. Der Betrieb benötigt also sehr viel Fläche. Bei der intensiven Auslaufhaltung stehen den Hühnern 2,5 m² Fläche zur Verfügung (▶ Haltungsformen).
Öko-Haltung bedeutet, dass die Tiere in Freilandhaltung gehalten werden und außerdem nur mit Getreideerzeugnissen aus ökologisch anerkannter Produktion gefüttert werden dürfen (▶ Nachhaltigkeit).

Berechne wie viel Quadratkilometer landwirtschaftliche Fläche gebraucht würde, wenn die Eier, die die 82 Millionen Bundesbürger im Jahr konsumieren in Freilandhaltung produziert würden.
Ein Huhn legt pro Jahr etwa 270 Eier.

[3] Bei der Bodenhaltung werden die Hühner in Ställen gehalten. Sieben Hühner müssen sich dabei einen Quadratmeter Stallfläche teilen (▶ Haltungsformen).

Stelle die Vor- und Nachteile der unterschiedlichen Haltungsformen zusammen und präsentiere sie z. B. auf einer großen Wandtapete.

▶ Haltungsformen 64   ▶ Nachhaltigkeit 68

Legehennenhaltung nach Haltungsformen		
BRD insgesamt:		
Betriebe		1 553
Haltungsplätze		43 558 000
	Betriebe[1]	Haltungsplätze
Käfig-Batteriehaltung	96,3 %	96,0 %
Volierenhaltung[2]	0,2 %	0,3 %
Bodenhaltung[2]	7,1 %	3,2 %
intensive Auslaufhaltung	0,3 %	0,1 %
Freilandhaltung	2,1 %	0,4 %

[1] Bei Betrieben Doppelmeldung möglich
[2] Zuordnung nicht immer korrekt erfolgt

4 Die meisten Hühner werden in Deutschland in Käfigen gehalten. Dabei steht einem Huhn eine Fläche von 450–550 cm^2 zur Verfügung. Diese ▶ Haltungsform wird ab 2012 verboten.
Bei der Volierenhaltung werden die Tiere in großen Käfigen gehalten, bei denen für 15 Hühner 1 m^2 zur Verfügung steht. Es gibt 15 cm lange Sitzstangen für die Tiere.

Stelle die Flächen, die jeweils einem Huhn bei den verschiedenen ▶ Haltungsformen zur Verfügung stehen, anschaulich dar – z. B. in dem du entsprechend große Pappkartons zurecht schneidest.

Anhand der Code-Nummer, die jedes Ei trägt, erhältst du alle für dich wichtigen Informationen (▶ Haltungsformen).

5 Überprüfe die Eier in eurem Haushalt daraufhin, wo sie herkommen und in welchen Haltungsformen die Hühner leben, von denen sie gelegt wurden.

6 Formuliere ein persönliches Fazit für dich. Wie willst du dich als mündiger Konsument verhalten?

▶ Haltungsformen 64

Früher – Gestern – Heute

Der Hof der Familie W. ist seit rund zweihundert Jahren in Familienbesitz. Die Urgroßmutter von Carola und Florian wurde 1906 auf dem Hof geboren und heiratete 1932 Bernard W. Damals gehörten 10 Hektar (ha) landwirtschaftliche Fläche zum Hof. Durch Pacht und Zukauf vergrößerte sich die Fläche bis 1946 auf 15 ha. Der 1934 geborene Großvater erweiterte den Hof. Als er 1962 heiratete, betrug die genutzte Fläche 20 ha. Heute bewirtschaftet der junge Bauer W., der Vater von Carola und Florian 45 ha. Der Hof ist ein Mischbetrieb; es werden vor allem Weizen und Zuckerrüben angebaut. Die Zuckerrüben werden an die Zuckerfabrik verkauft; der Weizen dient zusammen mit hofeigenem Mais und Gras als Nahrungsgrundlage für 40 Milchkühe und 50 Jungtiere.

Auf dem Hof der Familie W., fotografiert 1945

Eheleute W., geboren 1934 und 1938

Erzählung des Großvaters (geb. 1934)

Großmutter bei der Arbeit

In den Jahren vor 1960 begann unser Arbeitstag um 5.30 Uhr mit der Stallarbeit. Zum Hof gehörten damals 12 Milchkühe und ca. 20 Jungtiere. Der Stall wurde von Hand ausgemistet und die Milchkühe mussten gemolken, alle Tiere gefüttert werden. Auch dies war Handarbeit, später hatten wir dann eine Melkmaschine. Nach Morgenwäsche und Frühstück begann um 8.00 Uhr die Feldarbeit. Beim Rübenanbau z. B. mussten die jungen Pflanzen aufwendig bearbeitet werden. Da immer ein ganzes Pflanzenbündel aus einem Samenkorn wuchs, mussten alle Pflanzen bis auf eine weggehackt werden, zusätzlich wurden die Unkräuter durch hacken entfernt. Bei der Ernte wurde zunächst das Rübenlaub abgehackt, danach die Rüben ausgegraben und an den Feldrand transportiert. Hier wurden sie dann aufgeladen. Sowohl die Pflege der Pflanzen wie auch die Ernte waren schwere körperliche Arbeit. Außer einem Landarbeiter, der fest angestellt war, wurden bei diesen Haupttätigkeiten weitere Hilfskräfte benötigt. Dies waren in der Regel Nachbarn und Saisonarbeitskräfte aus dem Dorf. Wir haben damals keine ▶ Schädlingsbekämpfungsmittel eingesetzt. Die Schädlinge wurden, wenn nötig, in Handarbeit entfernt. Gedüngt wurden die Felder immer im Herbst. Bei der Fruchtfolge Zuckerrüben – Weizen – Gerste wurde also das abgeerntete Gerstenfeld mit Stallmist, Düngekalk und einer Mischung aus Thomasmehl und Kalidünger gedüngt. Kurz vor der Aussaat erhielt der Boden eine Stickstoffdüngung mit Kalkammonsalpeter (▶ Dünger). Nach der Vereinzelung der Pflanzen wurde noch einmal gedüngt. Zusammen ergab das eine Stickstoffdüngung von ungefähr 160 kg Stickstoff/ha. Wir tranken nachmittags auf dem Feld unseren Kaffee und beendeten die Feldarbeit meist gegen 17.00 Uhr. Nach der Stallarbeit wurden dann noch Reparaturen vorgenommen oder z.B. Zäune geflickt. Der Tag endete zwischen 19.00 und 21.00 Uhr. Insgesamt muss ich sagen, dass wir viel schwere körperliche Arbeit hatten, das Leben aber insgesamt weniger hektisch und stressig war als es heute ist.

Der Hof wird 1955 erweitert

▶ Schädlingsbekämpfungsmittel 75 ▶ Dünger 54

Landwirt W. mit Frau

Erzählung des jetzt wirtschaftenden Bauern

Im Vergleich zu meinem Vater beginnt mein Arbeitstag ein wenig später (6.00 Uhr). Dafür versorgen wir heute 90 Tiere (40 Milchkühe und 50 Jungtiere) in der gleichen Zeit bei erheblich gesteigertem Ertrag. Lieferte eine Kuh 1950 etwa 4000 l Milch im Jahr, so geben die Kühe heute 8000 l und mehr Milch im Jahr.

Viele der körperlich besonders anstrengenden Arbeiten entfallen heute, oder sind durch Maschineneinsatz stark erleichtert. Das neue Saatgut für die Zuckerrüben ist so verändert, dass aus einem Samenkorn auch nur noch eine Pflanze wächst. Gleichzeitig hat dieses eine Wachshülle, die bereits ein Insektizid (▶ Schädlingsbekämpfungsmittel) enthält, so dass die Pflanze zunächst nicht befallen werden kann. Später werden sie nur noch bei starkem Schädlingsbefall erneut gespritzt. Auch Unkräuter werden nicht mehr mit der Hand gehackt. In der Regel wird drei Mal mit minimalen Mengen Herbizid (▶ Schädlingsbekämpfungsmittel) gespritzt. Bei der Düngung arbeite ich heute ebenfalls völlig anders. Während in den 70er-Jahren noch ungefähr 220 kg Stickstoff pro Hektar ausgebracht wurden, hat sich die Menge im Prinzip wieder auf die alten Werte, die schon mein Vater kannte, reduziert. Allerdings berücksichtigen wir heute die Stickstoffmengen ausdrücklich, die durch den organischen Stallmist in den Boden gelangen. Seit Erbauung des neuen Stalles für unsere Kühe, wird die dort anfallende Gülle regelmäßig analysiert und in die Düngung mit eingerechnet; anders als noch bei meinem Vater, der den organischen ▶ Dünger zusätzlich zum mineralischen ▶ Dünger ausgebracht hat. Das führt dazu, dass ich heute nur noch 55 kg Stickstoff pro Hektar zusätzlich ausbringe. Eine zusätzliche Phosphor- und Kalidüngung ist ganz überflüssig geworden, die Kalkdüngung wird nach Bodenanalysen von einem Lohnunternehmer durchgeführt. Auch hier haben sich die Erträge erheblich verbessert. Wir ernten heute 600 dt/ha, während mein Vater vor 1960 450 dt/ha erntete.

Straßenansichten 1950 und 1993

Der neue Stall, erbaut 1998

[1] Stelle die Entwicklung des Hofes der Familie W. unter folgenden Aspekten zusammen:
• Größe und Erträge des Hofes
• Maschineneinsatz
• Einsatz von Düngemitteln
• Art und Umfang der Schädlingsbekämpfung
• Arbeitskräfte auf dem Hof
• Familiengröße.

[2] Vergleiche die Entwicklung dieses Bauernhofes mit den allgemeinen Daten zur ▶ Entwicklung landwirtschaftlicher Betriebe.

[3] Was werden Carola und Florian im Jahr 2015 erzählen. Formuliere einen Text.

[4] Wie wird der Hof der Familie W. wohl im Jahr 2030 aussehen?

▶ Schädlingsbekämpfungsmittel 75 ▶ Dünger 54 ▶ Entwicklung landwirtschaftlicher Betriebe 59

Weltweiter Handel oder regionaler Einkauf? – ein Rollenspiel

Griechenland Trauben 1 kg 2,80
Deutschland Kirschen 500 g 2,30
Griechenland Pfirsiche 1 kg 3,50
Italien Pflaumen 1 kg 3,50
Frankreich Birnen 1 kg 2,60
Spanien Erdbeeren 500 g 2,90
Griechenland Aprikosen 1 kg 4,80
Costa Rica Bananen 1 kg 1,90

Mitten im Winter frische Erdbeeren? Das ganze Jahr frische knackige Äpfel? Exotische Gemüse und Früchte in jedem Supermarkt? Der Strauß Blumen, der um die halbe Welt geflogen ist?

Alles ganz normal – oder? Viele Menschen stellen sich Fragen wie die folgenden (▶ Nachhaltigkeit):

- Woher stammen überhaupt die Erdbeeren, die ich an Weihnachten kaufen kann?
- Welche Folgen hat die weltweite Wirtschaftsweise für die heimischen Bauern?
- Wie viel Energie muss für den Transport der Waren aufgewendet werden (▶ Energieeinsatz)?
- Warum kosten die Äpfel aus Südafrika nicht mehr als die in Deutschland erzeugten?
- Warum sind ökologisch erzeugte Lebensmittel teurer als konventionell erzeugte?
- Wann darf ein Lebensmittel überhaupt ein Ökosiegel tragen?
- Sind ökologisch erzeugte Lebensmittel gesünder als konventionell erzeugte?

1 Erweitert die Fragenliste und teilt Rechercheaufträge unter euch auf.

▶ Energieeinsatz 58   ▶ Nachhaltigkeit 68

2 Bereitet dann eine Podiumsdiskussion als ▶ Rollenspiel vor:
Formuliert die Fragestellung für die Podiumsdiskussion möglichst genau; z. B.:
Das ganze Jahr Erdbeeren – egal woher und wie teuer?

Folgende Teilnehmer sollten mindestens auf dem Podium sitzen:

Der Moderator
Du eröffnest die Diskussion, indem du in die Problematik einführst. Du lässt am Anfang und Ende abstimmen und leitest die Diskussion.

Der Vertriebsleiter einer großen Handelskette
Du bist für den weltweiten Handel, weil dadurch auch den Menschen in der sog. Dritten Welt ein Einkommen gesichert wird.

Der Supermarktleiter
Du richtest dein Angebot ganz nach der Kundennachfrage. Ob die Lebensmittel konventionell oder ökologisch erzeugt sind, interessiert dich weniger. Was der Kunde nachfragt, wird angeboten.

Der Vertreter des Bauernverbandes
Du vertrittst vor allem die Interessen der großen Höfe, die EU-weite bzw. weltweite Absatzmärkte benötigen. Regionale Vermarktung hältst du lediglich für eine Nebenerscheinung.

Der Vertreter des Ministeriums
Deine Behörde möchte die ökologische Wirtschaftsweise fördern. Es gibt aber großes Misstrauen, weil in der Vergangenheit das Ministerium eng mit den großen Bauernverbänden zusammen gearbeitet hat. Gleichzeitig ist die Behörde mit der Überwachung der Lebensmittel beauftragt.

Der Vertreter des Öko-Verbandes
Du vertrittst vor allem eher kleinere ökologisch arbeitende Höfe, die häufig Hofläden haben oder an regionale Großabnehmer liefern.

Der unabhängige Lebensmittelkontrolleur
Du hast dir vor allem vorgenommen, Vorurteile abzubauen. Du bist unvoreingenommen und untersuchst ökologisch erzeugte Lebensmittel genau so kritisch wie konventionell erzeugte.

Der Vertreter einer großen Umweltorganisation
Für dich ist klar, dass regionale Vermarktung und ökologische Wirtschaftsweise unbedingt zusammen gehören. Du plädierst für scharfe politische Vorgaben.

Der Vertreter einer „Dritte-Welt-Gruppe"
Du interessierst dich vor allem für die Lebens- und Arbeitsbedingungen in diesen Ländern. Du hinterfragst die weltweiten Handels- und Produktionsbedingungen für Lebensmittel kritisch.

▶ Rollenspiel 74

Natur pur?

Von der Kartoffel zur Pommes

Bewachtes Kartoffelfeld zur Zeit Friedrich II von Preussen

1 a) Seit wann werden in Europa Kartoffeln angebaut? Aus welchem Erdteil stammen sie ursprünglich? Warum wird das Kartoffelfeld auf dem Bild von einem Soldaten bewacht? Schreibe ein kurzes Referat.

b) Kartoffeln sind ein Grundnahrungsmittel. Sie enthalten wichtige ▶ Nährstoffe. Nenne Gründe für die Veränderungen des Kartoffel-Konsums seit 1856.

Der pro Kopf-Verbrauch in Deutschland pro Jahr:
1856   bei 250 kg
1913   bei 700 kg
heute bei 75 kg

2 Pommes frites kommen nicht etwa aus Frankreich, sie wurden in Belgien erfunden. Es heißt, dass vor 150 Jahren, als es wenig Fisch gab, stattdessen klein geschnittene Kartoffeln in Fett gebacken wurden.
Kartoffeln und Pommes frites liefern einen großen Teil an Kohlenhydraten. Aus diesem ▶ Nährstoff gewinnt unser Körper hauptsächlich seine Energie. Ein wichtiges Kohlehydrat ist die Stärke.

a) Führe den Stärkenachweis (▶ Nachweismethoden) mit einer rohen und einer frittierten Pommes frites durch. Wiederhole die Untersuchung mit einer rohen und einer gekochten Kartoffelscheibe. Verdünne dafür die Testlösung so weit mit Wasser, dass der Stärkenachweis bei der rohen Kartoffel gerade noch gelingt.

b) Warum verzehrt man Kartoffeln nicht roh? Was passiert beim Kochen? Erkläre.
Denke dabei daran, dass eine Kartoffelknolle aus einer großen Zahl Stärke speichernder Zellen besteht.

Welches ist die rohe, welches die gekochte Kartoffel?

3 Tolle Knolle
Neben den Nährstoffen enthält die Kartoffel wichtige ▶ Ergänzungsstoffe wie Vitamine, Ballaststoffe und Mineralstoffe.

a) Die wertvollen Vitamine bleiben nur erhalten, wenn die Kartoffel mit Schale gekocht wird. Erkläre.

b) Berechne den prozentualen Anteil am Tagesbedarf von Vitamin C, Vitamin B_6 und Kalium, den 100 g Kartoffeln decken (▶ Ergänzungsstoffe).

c) Wie viel g Kartoffeln müsste man essen, um den täglichen Energiebedarf damit zu decken?

d) Man hört gelegentlich „Kartoffeln machen dick". Nimm dazu Stellung.

100 g Kartoffeln haben nur 68 Kalorien (285 kJ)!

e) Was sind Ballaststoffe? Welche Funktion haben sie in unserer Ernährung (▶ Ergänzungsstoffe)?

▶ Nährstoffe 73 ▶ Nachweismethoden 69 ▶ Ergänzungsstoffe 61

4 Pommes frites selbst gemacht:

a) Schneide eine geschälte Kartoffel in 1 cm dicke Stäbchen. Wasche sie und lasse sie auf einem Küchentuch gut abtrocknen. Erhitze auf einer Kochplatte in einem größeren Topf Frittierfett oder z. B. Erdnussöl auf 160 °C. Gib die Pommes in das heiße Öl und warte bis sie goldbraun sind. Lasse sie abtropfen und bestreue sie mit Salz. Guten Appetit.

b) Informiere dich im Internet wie Pommes industriell hergestellt werden und welche Zutaten dafür verwendet werden.

⚠️ **Spritzschutz, Deckel, kein Wasser ins Fett!!**

5
a) Was geschieht beim Frittieren mit der Kartoffel? Was meinst du, warum es sprudelt, wenn die rohen Pommes in das heiße Fett getaucht werden?

b) Vergleiche „Frittieren" und „Kochen" (▶ Lebensmittelbearbeitung).

6
a) Vergleiche Kartoffeln, frisch frittierte Pommes frites und Backofen-Pommes hinsichtlich ihres Fettgehaltes. Frisch frittierte Pommes haben einen Fettgehalt von 8 bis 13 Prozent Fett. Angaben für Backofen-Pommes findest du auf der Verpackung. Erkläre die Unterschiede. Was schmeckt dir am besten?

b) Wenn du täglich eine Portion Pommes isst (150 g), wie viel Prozent deines täglichen Fettbedarfs hast du dann bereits gedeckt?

7
Tiefkühlen ist eine wichtige Konservierungsmethode (▶ Lebensmittelbearbeitung). Dabei darf die Kühlkette nicht unterbrochen werden. Stelle zwei Fertigplatten (▶ Nachweismethoden) 10 Minuten lang offen an einen Ort deiner Wahl. Berühre den Nährboden nicht. Verschließe die Petrischalen und verklebe Boden und Deckel mit einem Klebestreifen. Beschrifte mit deinem Namen, dem Datum und Art der Behandlung. Stelle eine Petrischale in den Kühlschrank und eine in die Nähe der Heizung oder in die Sonne. Protokolliere fünf Tage lang deine Beobachtungen.

⚠️ **Die Petrischalen unter keinen Umständen öffnen! Gib sie am Ende der Beobachtungszeit deiner Lehrkraft zur Entsorgung.**

8 Was macht die Kartoffel im Pudding?

Oft wird nur ein Teil der Kartoffel, die Stärke genutzt. Sie ist ein Hauptbestandteil von Puddingpulver, allerdings ist sie meist chemisch verändert (modifizierte Stärke, ▶ Lebensmittelbearbeitung).
Koche einen Pudding nach „Oma-Art": 1/2 l Milch, 2 Esslöffel Zucker und 2 Esslöffel Kartoffelstärke werden kalt angerührt und zum Kochen erhitzt. Je nach Geschmack kannst du Mandelaroma, Vanillezucker, abgeriebene Schale einer Zitrone oder Zimt zusetzen.

9
Pommes, Kartoffelchips und Puddingpulver sind Beispiele dafür, wozu Kartoffeln weiter verarbeitet werden können. Informiere dich im Supermarkt, Internet, usw. über weitere Produkte der Kartoffel.

▶ Nachweismethoden 69   ▶ Lebensmittelbearbeitung 65

Currywurst

[1] Lege ein Stück grobe Bratwurst auf ein Uhrglas und betrachte es unter einem Binokular oder mit einer Lupe. Zerlege das Stück Wurst mit einer Pinzette in die unterscheidbaren Bestandteile.

> Wurst ist ein Gemenge aus zerkleinertem Muskelfleisch, Innereien, Knorpel, Schwarten, Euter, Zunge, Fett, Speck, flüssigen Zutaten (Wasser, Milch oder Wein), Blut u.a. Bindemitteln und Gewürzzutaten (Zucker, Salz, Zwiebeln, Knoblauch, Kümmel, Pfeffer, Majoran u.a.), das in Därme, Magen, Blasen, Pergament- oder Zellglashüllen gepresst oder in Büchsen konserviert wird. Nach Art der Herstellung unterscheidet man:
> 1. Roh- oder Dauerwurst (geräuchert), z. B. Salami, Zervelat-, Mettwurst;
> 2. Kochwurst (gekocht und angeräuchert), z. B. Leber-, Blut-, Sülzwurst;
> 3. Brühwurst (geräuchert und gebrüht), z. B. Bockwurst, Frankfurter und Wiener Würstchen.

[2] **Fette im Versteck**
Um versteckte Fette (▶ Nährstoffe) nachzuweisen, musst du die Nahrungsmittelprobe zuerst aufbereiten.
a) Gib eine Spatelspitze Teewurst in ein Reagenzglas und füge 2 ml Alkohol hinzu. Erhitze das Reagenzglas im Wasserbad bis die Wurst geschmolzen ist. Nimm das Reagenzglas aus dem Wasserbad, gib 2 ml Wasser hinzu, schüttle die Mischung und warte dann bis sich die überstehende Lösung geklärt hat. **Abzug!** Bringe etwas von der überstehenden Lösung mit einer Pipette auf ein Filterpapier und warte ca. 3 Minuten bis der Alkohol verdunstet ist. Was stellst du fest?
b) Untersuche andere Lebensmittel nach versteckten Fetten?
c) Kontrolliere zu Hause die Zutatenlisten verschiedener Lebensmittel. Welche enthalten versteckte Fette?

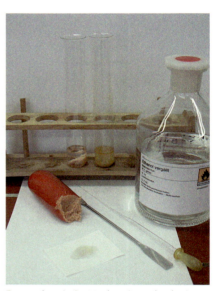

Fettnachweis (▶ Nachweismethoden)

[3] **Das Ei in der Wurst**
a) Halte mit einem Verbrennungslöffel folgende Stoffe in die Brennerflamme: Wurst, ein Stückchen hart gekochtes Ei, abgeschnittener Fingernagel, Hunde- oder Katzenhaare.
Der charakteristische Geruch, den du dabei wahrnimmst, weist auf Eiweiß hin (▶ Nährstoffe).
b) Lege ein Stück Wurst, Katzenhaare und etwas Eiklar in eine Petrischale und lasse dir von deiner Lehrkraft je einen Tropfen konzentrierte Salpetersäure darauf tropfen. Was beobachtest du?

Eiweißnachweis (▶ Nachweismethoden)

[4] **Wurst- und Fleischverbrauch**
Jeder Einwohner Deutschlands isst durchschnittlich 68 g Fleisch und 76 g Wurstwaren am Tag. Berechne den Verzehr pro Jahr und vergleiche mit den Schlachtviehmengen in der Tabelle. Wofür, außer zum menschlichen Verzehr, werden Tierbestandteile noch verwendet?

> Schlachtviehmengen (Deutschland 1999)
> Rinder und Kälber 15,6 kg/Kopf
> Schweine 56,8 kg/Kopf
> Geflügel 15,2 kg/Kopf

▶ Nährstoffe 73   **46**   ▶ Nachweismethoden 69

5 Damit sie länger hält

Aus der Vorschrift des kurfürstlichen Mainzischen Mundkochs M. Marxen Rumpolt von 1581:

„henck sie nicht in den Schornstein, sondern in Rauch, da kein Hitz darzu kompt, laß sie ein Wochen oder vier darinnen hencken, so wirdt es innwendig fein rot, und helt sich ein Jar oder zwey, mache es auch nicht im Sommer, sondern im Winter, wenn es gar kalt ist." (Zitiert nach Möller 1978, S. 15).

Welche Konservierungsmethode wird hier beschrieben? Erkundige dich beim Metzger, wie sie heute bei Wurstwaren angewendet wird.

6 Mogelpackung?

Abgepackte Lebensmittel müssen eine einheitliche Kennzeichnung tragen (▶ Lebensmittelbearbeitung). Aus der Reihenfolge der aufgeführten Zutaten erfährt der Verbraucher etwas über die Mengenanteile. An erster Stelle steht die Zutat mit dem größten Mengenanteil, an letzter Stelle die Zutat, von der die kleinste Menge verwendet wurde. Vergleiche verschiedene abgepackte Wurstsorten miteinander.

Welche Bedeutung hat die Kennzeichnung der Lebensmittel?

> Ein Etikett muss folgende Angaben enthalten:
> - Verkehrsbezeichnung
> - Mengenangabe
> - Mindesthaltbarkeitsdatum
> - Name und Wohnsitz des Herstellers, Verpackers oder Verkäufers
> - Verzeichnis der Zutaten

7

Zusatzstoffe werden im Zutatenverzeichnis entweder durch Angabe ihrer Bedeutung (z.B. Konservierungsstoff) oder ihrer Bezeichnung (z.B. Benzoesäure) oder durch Angabe einer E-Nummer (z.B. E 210) kenntlich gemacht. Die E-Nummern sind in allen EU-Ländern einheitlich.

a) Suche in einem Supermarkt fünf verschiedene Produkte, die E-Nummern aufführen. Schreibe sie heraus und ermittle ihre Bezeichnung und ihre Funktion in dem entsprechenden Produkt.

b) Einige Nahrungsmittelzusatzstoffe können allergische Reaktionen hervorrufen oder die Gesundheit in anderer Weise beeinträchtigen. Erkundigt euch bei einer Ernährungsberatungsstelle. Erstellt vorher einen Fragenkatalog zum Thema „Zusatzstoffe".

c) Wenn in einem Lebensmittel eine Zubereitung eines anderen Lebensmittels verarbeitet wird, brauchen die Zusatzstoffe der Zubereitung auf dem Etikett nicht angegeben werden. Ein Beispiel: ob die Gurkenstücke in der Sülze Konservierungsstoffe enthalten, weiß allein der Hersteller. Ähnlich ist es beim Curry. Egal ob er in der Wurst oder im Ketchup verarbeitet ist, seine Zusammensetzung muss nie angegeben werden. Finde heraus, aus welchen Gewürzen handelsübliches Currypulver besteht (▶ Lebensmittelbearbeitung).

Name	E-Nummer	Verwendung
Farbstoffe		
Kurkumin	E 100	Currybestandteil, Senf
Chinolingelb	E 104	Brausen, Pudding, Speiseeis, Arzneimittel
Azurbin	E 122	Puddingmischungen, Süßwaren
Konservierungsstoffe		
Sorbinsäure	E 200	Fischerzeugnisse, Fruchtjoghurt, Schnittbrot
Benzoesäre und Benzoate	E 210 – E 213	Fischmarinaden, Kaviar, Garnelen, Mayonnaise, Süßwaren, Fruchtjoghurt
Parahyroxibenzoesäureethyl/-Ester (PHB-Ester)	E 214 – E 219	Fischmarinaden, Kaviar, Garnelen, Garnelen, Mayonnaise, Salatsoßen, Süßwaren
Schwefeldioxid und Sulfite	E 220 – E 227	Trockenfrüchte, glasierte und kandierte Früchte, Meerrettich, Kartoffelerzeugnisse, Wein, Bier (nicht nach deutschem Reinheitsgebot gebraut)
Antioxidantien		
Ascorbinsäure (Vitamin C)	E 300	Fruchtsäfte, Limonaden, Margarine, Butter, Fruchtmarmeladen
Verdickungs- und Geliermittel		
Carrageen	E 407	Pudding, Eis, Milcherzeugnisse
Geschmacksverstärker		
Glutaminsäure und Glutamate	E 621	Fertigsuppen und -gerichte, Soßen aus Soja u. a.

▶ Lebensmittelbearbeitung 65

Pommes rot-weiß – Ketchup & Mayonnaise

Mitte des 19. Jahrhunderts boten Pommes-Verkäufer im Ruhrgebiet ihre frittierte Ware auf Wochenmärkten an. Das preiswerte Gericht fand bei den Bergarbeitern Anklang. Noch heute zählt Pommes rot-weiß zu den „Kultgerichten" des Ruhrpotts.

1 a) **Tomaten-Ketchup selbst gemacht**
2 kg Tomaten waschen, 250 g Zwiebeln pellen. Beides in Stücke schneiden. In einem großen Topf mit 100 g braunem Zucker etwa 45 Minuten köcheln. Danach durch ein Sieb streichen und nochmals kochen lassen, bis die Masse dicklich ist. Mit 3 TL Salz, 2 TL edelsüßem Paprikapulver, 1 TL Pfeffer, wenig Cayennepfeffer und 125 ml Weinessig würzen und abschmecken. Ein Päckchen Einmachhilfe einrühren. Ketchup noch heiß in Schraubdeckelgläser füllen und sofort verschließen.
b) Vergleiche die Zutaten für deinen selbst gemachten Ketchup mit der Zutatenliste von gekauften Tomaten-Ketchups. Welche Zutat ist in der größten Menge enthalten?

2 **Nicht nur Geschmacksache**
Essig und Zucker machen nicht nur den süß-sauren Geschmack des Ketchups aus, besonders der Essig macht den Ketchup auch haltbar (▶ Lebensmittelbearbeitung). Schneide einen Apfel in 6 gleich dicke Scheiben und lege diese in je eine Petrischale. Nummeriere sie und gehe so vor:
Die Apfelscheibe in der ersten Petrischale behandelst du nicht. Auf die Scheibe in der zweiten Schale gibst du etwas Haushaltsessig, auf die dritte etwas Vitamin C-Lösung, auf die vierte Sulfitlösung, die fünfte kochst du kurz in Wasser und auf die sechste tropfst du eine konzentrierte Zuckerlösung. Lege ein Versuchsprotokoll (▶ wissenschaftliches Arbeiten) an. Was beobachtest du nach 1, 4 und 10 Minuten.

3 Mayonnaise besteht hauptsächlich aus Öl und Wasser.
a) Gib 10 ml Sonnenblumenöl und 10 ml Wasser in ein großes Reagenzglas, verschließe es mit einem Stopfen und schüttle das Ganze eine Minute lang. Notiere deine Beobachtungen. Lass die Lösung dann eine Minute stehen und beobachte erneut.
b) Gib etwas Eigelb zu dem hergestellten Gemisch und schüttle alles kräftig. Beschreibe die Wirkung. Das im Eigelb enthaltene Lecithin wirkt als Emulgator, das Entstandene nennt man Emulsion (▶ Lebensmittelbearbeitung).
Kläre, was diese Begriffe bedeuten. Beschreibe dann die mikroskopische Aufnahme der Mayonnaise.
c) Wenn du statt Wasser Speiseessig verwendest, erhältst du den typischen Mayonnaise-Geschmack. Probiere es aus.
d) Verdünne einen Tropfen Mayonnaise auf einem Objektträger mit etwas Öl und beobachte unter dem Mikroskop.

4 a) Das kleine Likörfläschchen im wassergefüllten Becherglas ist randvoll mit Speiseöl gefüllt. Beobachte was passiert, wenn du mehrere Tropfen Eilösung ins Wasser gibst.
b) Erkläre, wie ein Emulgator wirkt (▶ Lebensmittelbearbeitung).

5 Neben Öl, Essig und dem Emulgator sind in der Mayonnaise noch andere Inhaltsstoffe. Liste diese auf und ermittle ihren Verwendungszweck.

▶ wissenschaftliches Arbeiten 76   ▶ Lebensmittelbearbeitung 65

Cola – mehr als ein Erfrischungsgetränk

Cola ist ein künstlich hergestelltes Getränk. Die genaue Zusammensetzung der Cola war viele Jahrzehnte ein gut gehütetes Geheimnis. Die meisten Inhaltsstoffe kannst du aber selbst nachweisen.

1 Neben Wasser ist der Hauptbestandteil der Cola Zucker. Die Menge an gelöstem Zucker kannst du bestimmen, indem du die Dichte von Cola mit verschieden konzentrierten Zuckerlösungen vergleichst (▶ Nachweismethoden).
Stelle Zuckerlösungen her, die 5 g, 10 g und 15 g Haushaltszucker pro 100 ml Lösung enthalten. Wiege ein Becherglas leer und nachdem du die 100 ml Zuckerlösung eingefüllt hast. Trage die Ergebnisse (Gewicht von 100 ml Zuckerlösung in g) in ein Koordinatensystem ein. Trage auch den Wert für reines Wasser ein. Wiege anschließend 100 ml Cola, aus der du vorher durch Umrühren oder Erwärmen die so genannte Kohlensäure ausgetrieben hast. Lies aus der erstellten Eichkurve im Koordinatensystem den Zuckergehalt der Cola ab (▶ wissenschaftliches Arbeiten). Verfahre ebenso mit Cola light.

2 Die Fehling-Probe ist eine ▶ Nachweismethode, die dir zeigt, wie du Cola von Cola light unterscheiden kannst. Gib jeweils 1 ml Cola und Fehling-Lösung I in ein Reagenzglas. Schüttle, füge die gleiche Menge Fehling-Lösung II hinzu und erwärme über dem Bunsenbrenner. Führe eine Blindprobe mit Leitungswasser durch (▶ Nachweismethoden). Welcher Stoff wurde durch die Fehling-Probe nachgewiesen?

⚠ **Schutzbrille!**

3 „Cola sprudelt, also enthält sie Kohlensäure." Dass das entweichende Gas keine Kohlensäure, sondern Kohlenstoffdioxid ist, kannst du mit Kalkwasser (▶ Nachweismethoden) beweisen. Dazu verschließt du eine halb volle Colaflasche mit einem Luftballon und schüttelst kräftig. Den Luftballon nimmst du vorsichtig vom Flaschenhals ab, ohne dass das Gas entweicht und steckst ihn über einen Gummistopfen mit Glasrohr. Das Glasrohr wird in ein Becherglas mit Kalkwasser gestellt.

4 Kohlensäure macht Wasser sauer. Vergleiche den pH-Wert von Cola mit dem von Leitungswasser und kohlensäurehaltigem Mineralwasser (▶ Nachweismethoden). Wenn du Universalindikatorpapier benutzt, ist es ratsam die Cola vorher zu entfärben (wie in Versuch 5 b). Wie erklärst du dir die Unterschiede zwischen Mineralwasser und Cola. Vergleiche dazu die Zutatenlisten.

5 Zuckerkulör ist ein Lebensmittelfarbstoff, der Cola die typische Färbung gibt (▶ Lebensmittelbearbeitung).
a) Gib einen halben Teelöffel Zucker in ein Reagenzglas und erhitze vorsichtig über dem Bunsenbrenner. Wenn sich die braune Masse abgekühlt hat, kannst du sie mit etwas Wasser anlösen.
b) Prüfe die optische Wirkung der Colafarbe. Würdest du auch „Cola white" trinken? Schüttle 50 ml Cola mit einem Esslöffel Magnesiumoxid und filtriere.

⚠ **Keine Geschmacksprobe durchführen!**

6 Schaue dir in Zeitungen, im Fernsehen und im Kino Cola-Werbung an. Gibt es einen Zusammenhang zwischen den Werbeaussagen und den Inhaltsstoffen der Cola?

▶ Nachweismethoden 69
▶ wissenschaftliches Arbeiten 76
▶ Lebensmittelbearbeitung 65

▶ Boden

Als Boden wird der lockere, oberste Bereich der Erdkruste, der aus verwittertem Gestein, Wasser, Luft und organischen Bestandteilen gebildet wird, bezeichnet. Er ist die Lebensgrundlage für alle höheren Pflanzen und damit gleichzeitig Ernährungsgrundlage für Tiere und Menschen.

Böden sind von vielen Faktoren geprägt: Ausgangsgestein, Oberflächenstruktur, Klima, Wasserhaushalt, Tier- und Pflanzengesellschaften, menschlicher Einfluss, Alter und Entwicklungsgeschichte des Bodens. Aus dem Zusammenspiel dieser räumlich und zeitlich wechselnden Faktoren haben sich zahlreiche Bodenarten gebildet.

Pflanzen stellen sehr unterschiedliche Anforderungen an den Boden. Die Kenntnis spezifischer Eigenschaften des Bodens ist daher für die Landwirtschaft unverzichtbar. Vor allem die mineralischen und organischen Bestandteile des Bodens, seine Durchlüftung, sein Wasserspeichervermögen und viele andere Aspekte der Bodenstruktur sind von Bedeutung. Die Eigenschaften des Bodens selbst und die richtige Bearbeitung durch den Menschen, schaffen die Grundlage für das optimale Gedeihen der Pflanzen.

Verwitterung und Bodenentstehung

Durch äußere Einwirkungen (Wasserströme, Wind, Temperaturdifferenzen) werden Gesteine an oder nahe der Erdoberfläche in immer kleinere Teile zerlegt. Bei der mechanischen Verwitterung zerfallen die Gesteine durch den Wechsel von intensiver Sonneneinstrahlung und rascher Abkühlung zu kleineren Steinen und Sandkörnern. In die Spalten und Risse der Steine dringt Wasser ein und sprengt sie beim Gefrieren auseinander, weil das Volumen des gefrorenen Wassers deutlich größer ist, als das des flüssigen Wassers.

Bei der chemischen Verwitterung werden die Gesteine durch chemische Reaktionen verändert, die häufig dadurch ausgelöst werden, dass im Wasser Gase wie Kohlenstoffdioxid gelöst sind, die mit Wasser Säuren bilden.

Die durch die Wurzeln der Pflanzen, durch grabende Tiere, Mikroorganismen und saure Ausscheidungen der Lebewesen erfolgenden Veränderungen des Bodens werden biogene Verwitterung genannt.

Bodenbestandteile

In jedem Boden finden sich folgende Hauptbestandteile:
- Mineralische Substanzen aus den Verwitterungsprozessen, die als Mineralstoffe (Salze), die Nährstoffe der Pflanzen darstellen.
- Organische Bestandteile bilden den Humus. Er besteht aus abgestorbenen und verrotteten Teilen von Pflanzen und Tieren, sowie neugebildeten organischen Verbindungen.
- Gase
- Wasser

Der organische Anteil macht bei manchen Böden in feuchten Gebieten zwei bis fünf Prozent des Bodens aus, weniger als 0,5 Prozent bei trockenen Böden, aber über 95 Prozent bei Torfböden. Dieser Humus wird von Bodenorganismen zersetzt, deren Ausscheidungen mit Pflanzennährstoffen wie Stickstoff und Phosphor angereichert sind.

Unter Aufnahme dieser Stoffe bauen die Mikroorganismen des Bodens den unverdaulichen Holzbestandteil Lignin zu Huminsäuren ab. Diese Huminsäuren verbinden sich mit Aluminium- und Eisenatomen zu sogenannten Komplexverbindungen, die eine große Bedeutung für die Krümelstruktur, die Wasserbindefähigkeit und die Durchlüftung des Bodens haben.

Der wässrige Anteil des Bodens, die Bodenlösung, enthält die gelösten mineralischen Substanzen, die aus den beim Verwitterungsprozess zersetzten Gesteinen stammen. Diese Substanzen stellen den Nährstoffgehalt des Bodens dar. Denn die Pflanzen können nur die im Wasser gelösten Mineralien mit ihren Wurzeln aufnehmen.

Als Gase sind vor allem Sauerstoff, Stickstoff und Kohlenstoffdioxid im Boden enthalten. Besondere Bedeutung hat dabei der Sauerstoff, der – im Bodenwasser gelöst – von den Pflanzen über die Wurzeln aufgenommen werden kann. Sie benötigen ihn für ihre Stoffwechselprozesse. Gleichzeitig brauchen ihn die Bodenlebewesen zur Atmung. Stickstoff wird von einigen Pflanzen über Bakterien, die an ihren Wurzeln leben, direkt aufgenommen.

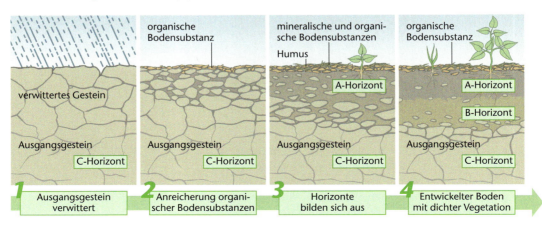

1. Ausgangsgestein verwittert
2. Anreicherung organischer Bodensubstanzen
3. Horizonte bilden sich aus
4. Entwickelter Boden mit dichter Vegetation

Bodenarten

Die Einteilung der Bodenarten hängt vor allem von der Korngröße, also dem Durchmesser der kleinen Bodenkörnchen, ab. Folgende Tabelle gibt dir eine Übersicht.

Korngröße in mm	Name des Bodenbestandteils	Eigenschaften
kleiner als 0,002	Ton	Einzelteilchen nicht fühl- oder sichtbar, schmierig, plastisch, klebrig, gut formbar
größer als 0,002 bis 0,06	Schluff	Einzelteilchen nicht oder kaum fühlbar, wie Mehl, nicht bindig, schlecht formbar, haftet deutlich an den Fingern
größer als 0,06 bis 2	Sand	Einzelteilchen körnig, fühl- und gut sichtbar, haftet nicht an den Fingern
2 bis 60	Kies	

Je nachdem wie groß die Anteile von Sand, Schluff und Ton sind, wird die Bodenart bezeichnet. Man unterscheidet: toniger Sand, sandiger Ton, schluffiger Sand, lehmiger Sand, sandiger Lehm, toniger Lehm, lehmiger Ton, sandiger Schluff, schluffiger Lehm, lehmiger Schluff. Die Zusammensetzung des jeweiligen Bodens wirkt sich stark auf seine Ergiebigkeit aus. Böden mit einem hohen Prozentsatz an Sand können nicht ausreichend Wasser für die Pflanzenversorgung speichern. Sie verlieren dadurch auch pflanzliche Nährstoffe, die mit dem Wasser in den Untergrund sickern. Böden mit einem größeren Anteil an feineren Teilchen, z. B. Tone und Lehme, sind gute Wasserspeicher und können Nährstoffe gut halten. Schwere Tonböden neigen jedoch zur Vernässung und lassen sich oft schwer bearbeiten.

Aus diesen Zusammenhängen lässt sich erkennen, dass der Boden-pH nicht schon vorher zu niedrig sein darf, weil die Bodenteilchen sonst abgelöst und weggeschwemmt sind, bevor die Pflanze sie aufnehmen kann.

Von Natur aus ist der Boden gegenüber einer zu starken Versauerung gut geschützt. Die meisten Böden enthalten Kalk. Dieser sorgt dafür, dass es bei stärkerer Säurezufuhr zu einer Neutralisierung der Säure kommt. Dabei reagiert der Kalk mit der Säure zu neutralen Calciumsalzen und Wasser. Eine ähnliche Funktion erfüllen die natürlicherweise im Boden vorkommenden Säuren, wie z. B. die Huminsäuren. Kommen zu viele basisch reagierende Stoffe in den Boden, reagieren die Bodensäuren mit diesen ebenfalls so, dass eine Neutralisierung stattfindet. Im Boden ist also ein doppeltes Wächtersystem installiert, das den Boden weder zu sauer noch zu basisch werden lässt. Dies nennt man das Puffersystem des Bodens.

Saurer Regen

Regen ist natürlicherweise immer leicht sauer. Beim Fall durch die Luft nimmt jeder Regentropfen Kohlenstoffdioxid auf, das mit dem Wasser zu Kohlensäure reagieren kann. Regenwasser hat dann einen pH-Wert von 5,6. In unserer industrialisierten Gesellschaft werden jedoch seit Jahrzehnten Gase in die Atmosphäre entlassen, die eigentlich nicht als natürliche Bestandteile in der Luft vorkommen (z. B. Schwefeldioxid und die Oxide des Stickstoffs). Diese reagieren ebenfalls mit dem Wasser der Regentropfen, bilden dabei aber deutlich stärkere Säuren (pH-Werte kleiner als 4,5). Sind sehr große Mengen dieser Gase in der Atmosphäre (z. B. durch den immer weiter zunehmenden Auto- und Luftverkehr), bilden sich große Mengen Sauren Regens, die zur deutlichen Übersäuerung der Böden führen.

Um die Pufferkapazität seines Bodens gegenüber Säuren bestimmen zu können, muss der Landwirt den Kalkgehalt seines Bodens kennen und eventuell durch Zugabe von Kalk ergänzen. Dieser Kalk erfüllt also nicht nur eine Funktion als Dünger, sondern sorgt vor allem auch dafür, dass die Puffereigenschaften der Böden erhalten bleiben, die der Pflanze eine optimale Aufnahme von Nährstoffen ermöglichen.

Die Wurzeln verankern die Pflanzen im Boden und sorgen für die Aufnahme von Wasser und Nährstoffen. Die Hauptwurzeln vieler Pflanzen teilen sich, wenn sie heranwachsen. Die Verzweigungen (laterale Wurzeln) teilen sich weiter und bilden ein Netzwerk, das die Pflanze im Boden verankert. Die feinsten Verzweigungen der Wurzeln heißen Wurzelhaare. Sie bilden sich in der Nähe der Wurzelspitzen der Seitenwurzeln. Sie sind sehr zahlreich und vergrößern die Oberfläche, die für die Austauschprozesse zur Verfügung steht um ein Vielfaches.

- Die Bodenkolloide enthalten in ihren Hohlräumen die für die Pflanze wichtigen Ionen.
- Die Pflanze verändert durch Ionen-Abgabe den pH-Wert in der unmittelbaren Umgebung des Bodenkolloids.
- Durch die pH-Wertveränderung lösen sich verschiedene Ionen aus den Bodenkolloiden und können von den Wurzelhaaren aufgenommen werden.

▶ CO₂-Kreislauf

Auch der Kohlenstoff wird in einen großen Kreislauf umgesetzt, der sich teilweise über Jahrmillionen erstreckt. Wie beim Wasser liefert die Sonne die Energie für den CO₂-Kreislauf.

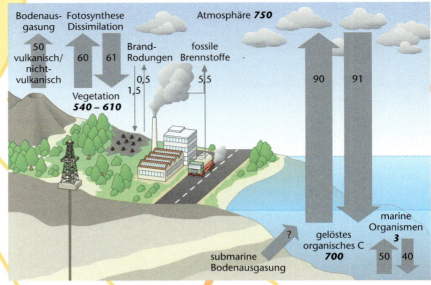

Die Abbildung zeigt die jährlich umgesetzten Kohlenstoff-Mengen in Gigatonnen (10^9 t). Zum Umrechnen von „C" auf „CO₂" multipliziert man die Zahlenangaben mit $\frac{44}{12}$.

Abgesehen von kosmischem Staub, der aus dem Weltall eingefangen wird und von ein paar Raketen, die die Erde verlassen, bleibt die Masse der Stoffe auf der Erde gleich. Alle stofflichen Veränderungen finden also in einem geschlossenen System statt. Viele Stoffe zirkulieren in Kreisläufen. Dazu gehört z. B. das Wasser, das durch die Sonneneinstrahlung verdunstet, Wolken bildet, als Niederschlag zur Erde zurück kommt, unterirdisch und oberirdisch abfließt und in Bächen und Flüssen zum Meer fließt.

In den grünen Pflanzen auf der Erde und in den oberen Wasserschichten findet Fotosynthese statt. Mit der Energie des Sonnenlichts, die von Chlorophyll in den grünen Pflanzenteilen selektiv aufgenommen wird, wird ein chemischer Prozess in Gang gesetzt, bei dem aus Kohlenstoffdioxid und Wasser Traubenzucker gebildet und Sauerstoff freigesetzt werden.
$6\,CO_2 + 6\,H_2O \rightarrow 6\,C_6H_{12}O_6 + 6\,O_2$

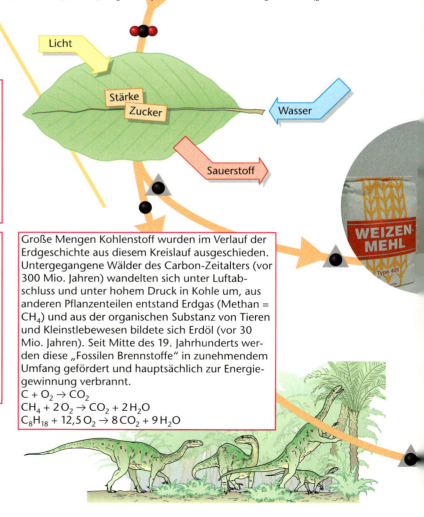

Durch die Fotosynthese wird ständig CO₂ aus der Atmosphäre entfernt. Gleichzeitig wird der für die Tiere und den Menschen zum Atmen wichtige Sauerstoff sowie Biomasse gebildet. Der bei der Fotosynthese entstandene Zucker wird in den Pflanzen entweder in Stärke umgewandelt und gespeichert oder dient der Pflanze in Form von Zellulose als Bausubstanz. Darüber hinaus finden in den Pflanzen auch Stoffumwandlungen statt, bei denen Fette und Eiweiße gebildet werden.

Große Mengen Kohlenstoff wurden im Verlauf der Erdgeschichte aus diesem Kreislauf ausgeschieden. Untergegangene Wälder des Carbon-Zeitalters (vor 300 Mio. Jahren) wandelten sich unter Luftabschluss und unter hohem Druck in Kohle um, aus anderen Pflanzenteilen entstand Erdgas (Methan = CH_4) und aus der organischen Substanz von Tieren und Kleinstlebewesen bildete sich Erdöl (vor 30 Mio. Jahren). Seit Mitte des 19. Jahrhunderts werden diese „Fossilen Brennstoffe" in zunehmendem Umfang gefördert und hauptsächlich zur Energiegewinnung verbrannt.
$C + O_2 \rightarrow CO_2$
$CH_4 + 2\,O_2 \rightarrow CO_2 + 2\,H_2O$
$C_8H_{18} + 12{,}5\,O_2 \rightarrow 8\,CO_2 + 9\,H_2O$

Infothek

Nicht alles CO_2 bleibt in der Atmosphäre. Große Mengen werden vom Wasser der Ozeane aufgenommen und gespeichert. Die Speicherfähigkeit ist wiederum abhängig von der Temperatur des Wassers.
Neben der erdgeschichtlichen Stilllegung von Kohlenstoff in Form von fossilen Rohstoffen gibt es einen zweiten Weg, auf dem sich der Kohlenstoffdioxidgehalt in der Atmosphäre verringert. Aus Muscheln und Schneckenhäusern, die überwiegend aus Kalk bestehen, bildeten sich Ablagerungen von Kalkstein. Durch Verwitterung des Kalks (Boden) gelangt Kohlenstoff als Kohlenstoffdioxid wieder in den Kreislauf zurück.

Wasser
Sauerstoff

Durch die intensive Energienutzung in Industrie, in den Haushalten und durch den Verkehr werden große Mengen CO_2 zusätzlich wieder in die Luft abgegeben. Der Umgang mit fossilen Rohstoffen im Industriezeitalter ist sehr problematisch, weil CO_2 ein „Treibhausgas" ist. Es wirkt ähnlich wie ein Glasdach und verhindert die Abstrahlung von Wärme in den Weltraum. Mit zunehmender Konzentration in der Atmosphäre erhöht sich die mittlere Temperatur der Lufthülle mit noch unbekannten Folgen für Klima und Umwelt.

Die Produkte der Fotosynthese sind Energie- und Baustofflieferanten für das gesamte Tierreich. Kohlenhydrate, Fette und Eiweiße sind Nährstoffe , die entweder zur Aufrechterhaltung der Körpertemperatur und zur Energieversorgung für andere Lebensvorgänge verbrannt oder in körpereigene Substanzen umgebaut werden. Schließlich werden die Ausscheidungen, wie auch die abgestorbenen Lebewesen, von Mikroorganismen zersetzt, wobei schließlich wieder CO_2 und Wasser entstehen und Sauerstoff verbraucht wird.

Wie speichert Kohlenstoff eigentlich die Energie? Kohlenstoff kommt in Verbindung mit mehreren anderen chemischen Elementen in ganz unterschiedlichen Verbindungen vor. Am wenigsten energiereich ist der Kohlenstoff im CO_2. Wie andere Oxide (z. B. das Wasser H_2O als Oxids des Wasserstoffs) ist das CO_2 reaktionsträge. Es muss viel Energie aufgewandt werden, um es in eine andere Verbindung umzuwandeln.
Bei der Fotosynthese entsteht mit dem Traubenzucker eine sehr energiereiche Kohlenstoffverbindung. Ähnlich energiereich sind Methan CH_4 und Erdöl (z. B. das Oktan). Der Kohlenstoff der Kohle ist zwar immer noch viel energiereicher als das CO_2, aber schon deutlich weniger als die Kohlenwasserstoffverbindungen.

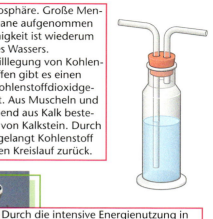

Energiegehalt von „C" im C-Kreislauf

	Energiestufe	Energiemenge
CH_4	~900	Methan CH_4
C_8H_{18}	~600	Oktan C_8H_{18}
$C_6H_{12}O_6$	500	Glucose $C_6H_{12}O_6$
C	~400	Steinkohle C
CO_2	0	Kohlendioxid CO_2

Steinkohle C

▶ Dünger

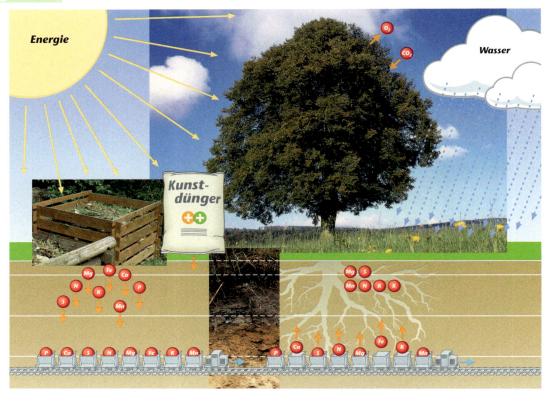

Als Dünger werden natürliche oder synthetisch hergestellte, chemische Substanzen oder Mischungen aus ihnen bezeichnet, die dem Boden zur Förderung des Pflanzenwachstums zugegeben werden. Synthetisch heißen solche Substanzen, die nicht in natürlichen, sondern in vom Menschen gesteuerten Prozessen hergestellt werden. Da Pflanzen außer Kohlenstoffdioxid und Wasser alle für ihre Lebensvorgänge wichtigen Stoffe selbst herstellen können, müssen sie keine kompliziert aufgebauten Nährstoffe (Eiweiße, Kohlenhydrate, Vitamine, etc.) aufnehmen. Es genügt, wenn sie die benötigten Elemente in Form einfacher Verbindungen, den so genannten Mineralstoffen (Salze), bekommen.

Boden enthält von Natur aus in ausreichenden Mengen alle Elemente, die für die Pflanzenernährung notwendig sind. Wird jedoch eine bestimmte Feldfrucht Jahr für Jahr auf dem selben Stück Land angebaut, so kann der Vorrat an einigen Nährstoffen im Boden irgendwann erschöpft sein. In diesem Fall müssen die fehlenden Nährstoffe mithilfe von Düngern ersetzt werden. Außerdem kann das Wachstum von Pflanzen durch den Zusatz geeigneter Dünger verbessert werden.

Element	Bedeutung für die Pflanze
Stickstoff, N	Stickstoff ist ein wichtiger Bestandteil aller Eiweißstoffe (Proteine). Der Hauptbedarf besteht zu Beginn der Pflanzenentwicklung bis zum Beginn der Einlagerung der Reservestoffe (Samen/Kornbildung).
Phosphor, P	Phosphor ist Bestandteil der DNS, daher in allen Zellen vertreten. Er ist der „Energiespeicher bei der Umwandlung der Sonnenenergie in biochemische Energie".
Kalium, K	Kalium ist ein wichtiges Element zur Regulierung des gesamten Stoffwechsels in der Pflanze. Der Hauptbedarf besteht während der Blattentwicklung.
Calcium, Ca	Calcium ist ein wichtiger Baustein in den Zellwänden und ist an vielen Stoffwechselreaktionen beteiligt.
Magnesium, Mg	Magnesium ist ein Baustein des Chlorophylls und Regulator einiger Stoffwechselvorgänge.
Schwefel, S	Schwefel ist ein Bauelement verschiedener Aminosäuren und der aus ihnen aufgebauten Eiweiße.
Eisen, Fe	Eisen wird für die Bildung von Chlorophyll und Eiweißmolekülen benötigt.
Mangan, Mn	Mangan ist Bestandteil von Enzymen (Regulationsmolekülen) und sowohl an der Fotosynthese, wie an der Chlorophyllsynthese beteiligt.
Kupfer, Cu	Kupfer ist Bestandteil von Enzymen (Regulationsmolekülen) und sowohl an der Fotosynthese, wie an der Chlorophyllsynthese beteiligt.
Zink, Zn	Zink aktiviert Enzyme und fördert die Wuchsstoffbildung. Es ist ebenfalls an der Chlorophyllsynthese beteiligt.

Von den benötigten Elementen stehen Wasserstoff, Sauerstoff und Kohlenstoff vom Kohlenstoffdioxid aus Luft und Wasser in unerschöpflichen Mengen zur Verfügung. Calcium, Stickstoff, Kalium, Phosphor, Magnesium, Schwefel, Eisen, Bor, Kupfer, Mangan und Zink werden alle aus den Böden aufgenommen. Dabei sind die ersten sechs genannten von besonderer Bedeutung, wobei Stickstoff, Kalium und Phosphor dem Boden am häufigsten zugegeben werden müssen.

Insgesamt gilt für alle Nährstoffe und Wachstumsfaktoren, dass es auf das Zusammenspiel aller ankommt. Das Fehlen eines Nährstoffes kann nicht durch eine größere Zugabe eines anderen Nährstoffes ausgeglichen werden. Es gilt das sogenannte **Liebig'sche Minimumgesetz**. Dies besagt, dass das Wachstum einer Pflanze und die Höhe des Ernteertrages grundsätzlich von dem Faktor begrenzt wird, der sich in seinem Minimum befindet. Dies kann die vom Menschen nur begrenzt beeinflussbaren Faktoren Licht und Wasser betreffen, gilt aber vor allem für die Nährstoffe. Eine zu großzügige Gabe bestimmter Nährstoffe bleibt wirkungslos und stellt eine Überdüngung dar. Für eine erfolgreiche Unterstützung des Pflanzenwachstums muss man also wissen, welcher der Nährstoffe nicht ausreichend im Boden vorhanden ist. Nur dieser muss durch Düngung zugefügt werden.

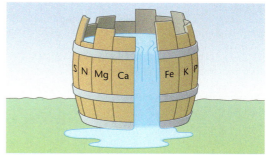

Die kürzeste Fassdaube entspricht dem Nährstoff, an dem es am stärksten mangelt.

Beim **Haber-Bosch-Verfahren** wird der, für die meisten Pflanzen unzugängliche, Luftstickstoff in die Verbindung Ammoniak (NH_3) überführt. Der so chemisch gebundene Stickstoff steht für weitere Reak-

Einteilung der Dünger:

Organische Dünger	Mineralische Dünger
bestehen aus pflanzlichen oder tierischen Abfällen. Mit seinem hohen Gehalt an Humus (verrottetem organischem Material) reichert organischer Dünger den Boden mit zahlreichen wichtigen Nährstoffen an. Er ist allerdings arm an den drei wichtigen Nährstoffen Stickstoff, Phosphor und Kalium. Marktübliche Mineraldünger enthalten etwa 20-mal soviel Stickstoff, Phosphor und Kalium wie organischer Dünger. Aus diesem Grund wird organischer Dünger oft in Verbindung mit anderen Mineraldüngern eingesetzt. Organischer Dünger trägt auch dazu bei, dass der Boden gelockert wird und Wasser speichern kann.	sind alle anderen Stoffe oder Stoffmischungen, die dem Boden zugesetzt werden. Es handelt sich dabei um Rohstoffe (meist Salze) natürlicher Herkunft, die mechanisch, thermisch oder chemisch aufbereitet wurden, oder um Stoffe, die in großtechnischen Produktionsprozessen hergestellt wurden. Man unterscheidet Stickstoffdünger (N-Dünger), wie Kalkammonsalpeter, Phosphordünger (P-Dünger) wie Thomasphosphat (Thomasmehl), Kalidünger (K-Dünger), Kali-Magnesiumdünger (K-Mg-Dünger), Kalkdünger (Ca-, oder Ca-Mg-Dünger) und Mehrnährstoffdünger (N-P-K-Dünger).
Guano ist ein Stickstoffdünger, der aus getrockneten Exkrementen von Seevögeln und Fledermäusen besteht.	Thomasmehl, eigentlich Thomasphosphat, ist die feingemahlene Schlacke, die bei der klassischen Herstellung von Stahl nach dem Thomas-Verfahren anfällt. Da dieses Verfahren immer seltener angewandt wird, geht die Bedeutung des Thomasmehls als Dünger zurück. Außerdem lassen sich andere Phosphordünger leichter handhaben, da sie besser löslich sind und daher von der Pflanze leichter aufgenommen werden können.
Holzasche enthält je nach Holzart deutliche Kaliummengen.	Kalkammonsalpeter ist ein Gemisch aus Calciumcarbonat und Ammoniumnitrat, das etwa 30 % Stickstoff enthält.
Knochenmehl enthält kleine Mengen Stickstoff und viel Phosphor.	Calciumcarbonat heißt auch kohlensaurer Kalk und ist das Calciumsalz der Kohlensäure, das in großen Lagerstätten in der Natur vorkommt und leicht abgebaut werden kann.
Klee, Luzerne und andere Leguminosen werden als Wechselfrüchte angebaut und dann eingepflügt, um den Boden mit Stickstoff anzureichern. Diese Pflanzen können im Unterschied zu anderen den Stickstoff direkt aus der Luft speichern.	Ammoniumnitrat ist das Ammoniumsalz der Salpetersäure, das aus der Reaktion von Ammoniak und Salpetersäure gewonnen werden kann. Diese beiden Stoffe gewinnt man in großtechnischen Verfahren, wobei die Herstellung von Ammoniak nach ihren Erfindern den Namen Haber-Bosch-Verfahren trägt.

tionen zur Verfügung, z. B. für die Herstellung von Salpetersäure, die als Ausgangsstoff für die Herstellung solcher Stickstoffverbindungen dient, die als Dünger eingesetzt werden können.

Genutzt wird Stickstoff aus der Luft und relativ billiges Erdgas. Dieses wird zunächst mit Wasserdampf zur Reaktion gebracht, wobei Kohlenmonooxid und Wasserstoff gebildet werden. In einem zweiten Verfahrensschritt reagiert dieses Gemisch mit Luft weiter, wobei fast das gesamte Erdgas in Kohlenmonooxid und Wasserstoff zerlegt wird.

Reaktionsgleichungen:
1. Schritt $CH_4 + H_2O \rightarrow CO + 3H_2$
2. Schritt $\underbrace{4N_2 + O_2}_{Luft} + 2CH_4 \rightarrow 2CO + 4N_2 + 4H_2$

In der zweiten Stufe des Prozesses werden Wasserstoff und Stickstoff von den anderen Gasen abgetrennt und unter sehr hohem Druck und Temperatur zur Reaktion gebracht; dabei entsteht Ammoniak.

Reaktionsgleichung:
$N_2 + 3H_2 \rightarrow 2NH_3$

Schließlich wird der gewonnene Ammoniak katalytisch oxidiert. Die so erhaltenen Stickstoffoxide dienen zur Herstellung von Salpetersäure, deren Salze wichtige Dünger darstellen.

Reaktionsgleichungen:
Herstellung von Stickstoffmonooxid:
$4NH_3 + 5O_2 \rightarrow 4NO + 6H_2O$
Herstellung von Salpetersäure:
$2NO + O_2 \rightarrow 2NO_2$
$2NO_2 + H_2O \rightarrow HNO_2 + HNO_3$
$HNO_2 + NO_2 \rightarrow HNO_3 + NO$
$\overline{NO + NO_2 + O_2 + H_2O \rightarrow 2HNO_3}$

▶ Energie

Energie ist die Fähigkeit eines Systems, Arbeit zu leisten. Es gibt verschiedene Formen von Energie: Wärme, mechanische Energie (potentielle und kinetische), chemische Energie, elektrische Energie. Alle lassen sich ineinander umwandeln. Außerdem gibt es noch Kernenergie und Strahlungsenergie.

Vom Verbraucher nachgefragt werden hauptsächlich mechanische Energie (für Verkehrsmittel und Maschinen), Wärme (für Heizung), Strahlungsenergie (Licht) und chemische Energie (in Form von Nahrungsmitteln). Dazu finden Energieumwandlungen statt, wie:
- Verbrennung im Motor: aus chemischer Energie werden mechanische Energie und Wärme.
- Beleuchtung: aus elektrischer Energie wird Strahlungsenergie und Wärme.
- Heizung: aus chemischer oder elektrischer Energie wird Wärme.
- Ernährung: aus chemischer Energie werden mechanische Energie und Wärme.

Energieträger

Unter einem Energieträger wird ein Stoff oder Energiefeld verstanden, aus dem direkt oder durch eine oder mehrere Umwandlungen Nutzenergie gewonnen werden kann. Energieträger können nach dem Grad der Umwandlung in Primär-, Sekundär- und Endenergieträger unterteilt werden. Typische Primärenergieträger sind z. B. Steinkohle, Erdöl und Erdgas. Auch die Sonne gehört in diese Gruppe.
Bis ins 18. Jahrhundert war Holz weltweit der wichtigste Energieträger. Die Nutzung von Kohle ermöglichte die Industrialisierung (ab dem 19. Jahrhundert). Seitdem stieg in den Industrieländern der Energieverbrauch an. Energie ist heute einer der wichtigsten Produktionsfaktoren.
In den letzten 50 Jahren gewannen Erdöl und Erdgas gegenüber der Kohle stark an Bedeutung. Von den regenerativen Energiequellen spielen weltweit nur Biomasse (Holz) und Wasserkraft eine Rolle, zunehmend aber auch die Windenergie.

> Eigentlich kann man nicht von Energieverbrauch sprechen, da Energie immer nur in eine andere Form umgewandelt wird und nicht verloren geht oder „verbraucht" wird.

Weltenergieverbrauch (berechnet in Mio. Tonnen Steinkohleeinheiten)	1971	2000
Kohle	630	554
Öl	1890	2943
Gas	604	1112
Elektrizität	377	1088
Wärme	68	247
Erneuerbare Energien	66	86
Gesamtverbrauch	**3634**	**6032**

Quelle: OECD: Daten und Fakten, Nr. 51

Die Menschen in den verschiedenen Teilen der Welt sind sehr unterschiedlich mit Energie versorgt. 25 % der Weltbevölkerung, die hauptsächlich in den Industriestaaten der Nordhalbkugel leben, verbraucht

> **Begriffe rund um die Energie**
> - Primärenergieverbrauch ist die tatsächlich im Land verbrauchte Energie.
> - Sekundär-Energie: z. B. Benzin, Heizöl, Strom oder Brikett. Bei der Umwandlung treten hohe Verluste auf, vor allem in Kraftwerken als Abwärme.
> - Die gesamte dem Endverbraucher zur Verfügung stehende Energie heißt End-Energie. Mehr als die Hälfte der End-Energie wird zur Wärmegewinnung eingesetzt (Heizung, Warmwasserbereitung).
> - Nutz-Energie entspricht dem Energie-Bedarf des Endverbrauchers z. B. an Wärme, Licht oder Kraft. Auch bei der Umwandlung von End- in Nutz-Energie beim Verbraucher treten weitere Verluste auf, z. B. bei der Heizung oder beim Auto, so dass von der eingesetzten Primär-Energie insgesamt vom Verbraucher nur ca. 30 % genutzt werden (Wirkungsgrad).

75% der Weltprimärenergie. Der durchschnittliche Pro-Kopf-Verbrauch eines Nordamerikaners liegt um das 5-fache über dem Weltdurchschnitt und sogar um das 22-fache über dem Verbrauch eines Afrikaners.

Seit der Ölpreiskrise 1973 stagniert in Deutschland der Primärenergieverbrauch trotz weiterem Wirtschaftswachstums. Ursachen sind der sparsamere und rationellere Einsatz von Energie und eine Umstrukturierung der Industrie von einer Energie- und rohstoffintensiven (z. B. Stahlerzeugung) hin zu einer mehr technologie- und dienstleistungsorientierten Industrie. Wegen der knapp werdenden Energiereserven ist ein Umschwenken auf regenerative Energiequellen trotzdem notwendig.

Grund- und Leistungsumsatz/Energieumsatz

Tiere und Menschen nehmen energiereiche Nährstoffe auf und setzen sie um. Dabei wird Energie frei, die dem Organismus zur Aufrechterhaltung der Lebensvorgänge dient. Der Energiebedarf eines Menschen ist abhängig von seiner Arbeitsleistung, seiner Körperoberfläche, von der Umgebungstemperatur, vom Lebensalter und vom Geschlecht.

So steigt der Energiebedarf sowohl bei großer Arbeitsleistung als auch bei sinkender Außentemperatur. Junge Menschen haben einen größeren Energiebedarf als ältere und Männer benötigen eine größere Energiemenge als Frauen.

30-minütige Tätigkeit	Energieverbrauch in kJ (Kilojoule)
Badminton	628
Bodybuilding	1695
Fußball spielen	1506
Gehen	389
Gymnastik	879
Hausarbeit	464
Joggen	1381
Rad fahren	979
Rudern	1632
Schuhe putzen	264
Schwimmen	1067
Staubsaugen	364
Tanzen	941
Treppen steigen	1042

Charakteristische Werte des Leistungsumsatzes

Auch in völliger Ruhe verbraucht ein Mensch Energie. Diese ist für die Aufrechterhaltung der Körperfunktionen notwendig. Die dafür notwendige Energiemenge wird **Grundumsatz** genannt. Um Arbeit verrichten zu können, z. B. Muskelarbeit oder eine konzentrierte geistige Tätigkeit, benötigt der Körper zusätzliche Energiemengen. Diese werden als **Leistungsumsatz** bezeichnet.

Der Grund- und Leistungsumsatz wird indirekt anhand des Sauerstoffverbrauchs bestimmt. Dazu wird die Differenz der vom Körper aufgenommenen Sauerstoffmenge und der abgegebenen Sauerstoffmenge ermittelt.

Auf Grund des Gesamtenergiebedarfs wird die täglich benötigte Grundnährstoffzufuhr berechnet.

Kilokalorien (kcal) stammt von dem lat. Wort „calor" und bedeutet Wärme. Eine Kilokalorie ist die Energiemenge, die notwendig ist, um 1 Liter Wasser um 1° Celsius zu erwärmen. In der Ernährung werden die Ausdrücke Kalorie und Kilokalorie synonym gebraucht. Die Einheit Kilokalorie ist aufgrund internationaler Vereinbarungen durch die Einheit „Kilojoule" ergänzt worden.

Kilojoule: die Bezeichnung Joule geht auf den englischen Physiker J. P. Joule zurück. Es ist ein Maß der Energie. Es entspricht der Arbeit, die benötigt wird um 1 kg in einer Sekunde einen Meter hoch zu bewegen. Kilojoule wird seit langem international von der Wissenschaft verwendet, und seit 1. Januar 1978 wird in allen EG-Ländern mit diesen Werten gerechnet.

Kalorientabelle

Die Nahrungsmittel liefern dem Menschen Energie. Hauptsächlich sind dafür die Nährstoffe Kohlenhydrat und Fett, daneben auch Eiweiß verantwortlich. Der Energiegehalt der Nahrungsmittel wird in Joule ausgedrückt. Früher hat man in der Bundesrepublik die Bezeichnung Kalorie benutzt, daher tragen Tabellen, die verschiedene Nahrungsmittel mit den entsprechenden Nährwerten auflisten immer noch den Namen „Kalorientabelle" anstatt „Jouletabelle".

Umrechnung:
1 kJ = 0,24 kcal
1 kcal = 4,18 kJ

Lebensmittel	Menge (g)	Energie (kJ)	Eiweiß (g)	Fett (g)	Kohlenhydrate (g)
Bockwurst	100	1159	12	25	0
Kartoffeln	100	293	2	0,1	17
Tomate	100	71	1	0,2	3,5
Eiernudeln	100	1464	13	3	73
Naturreis	100	1435	7,5	2	76
Pommes frites	100	891	4	14	40
Pizza Salami	300	3410	24	27	k. A.
Cornflakes	100	1490	7	1	84
Brötchen	100	1071	8	2	58
Mehrkornbrot	100	891	7,5	1,5	52
Honig	100	1255	0,3	0	81
Nuss-Nougat-Creme	100	2197	7	31	54
Cola	100	335	3	0	11
Apfelsaft	100	238	0,1	0	12
Orangensaft	100	184	2	0,2	9
Gummibärchen	100	1381	6	0	76
Schokolade, Vollmilch	100	2259	8	30	56
Milchspeiseeis	100	531	5	3	20
Vanille-Pudding	100	439	3	3,5	16
Kartoffelchips	100	2255	5,5	40	k. A.
H-Milch, 3,5% Fett	100	188	3,5	3,5	5
Ei	58	356	7	6	0,3
Butter	100	3159	0,7	83	0,7
Bananen	100	385	1	0,2	2,5
Äpfel	100	230	0,3	0,4	14

Verbrennung

Als Verbrennung bezeichnet man umgangssprachlich eine chemische Reaktion, bei der sich ein chemi-

sches Element schnell und mit Flammenerscheinung mit Sauerstoff verbindet.
So verbrennt der in Kohle enthaltene Kohlenstoff (C) mit Luftsauerstoff (O_2) nach der Reaktionsgleichung:

$$C + O_2 \rightarrow CO_2 + \text{Wärme}$$

zu Kohlenstoffdioxid (CO_2).

Wie viele andere Stoffe verbrennt Kohle nicht spontan an Luft, sondern benötigt eine bestimmte Entzündungstemperatur.
Auch viele Stoffwechselprozesse im menschlichen Körper sind Verbrennungsprozesse, allerdings ohne ‚offene Flamme' und langsam ablaufend. Auch bei der ‚Verbrennung' von Kohlenhydraten oder Fetten entstehen als Endprodukte Kohlenstoffdioxid, welches ausgeatmet wird, und Wasser:

$$C_6H_{12}O_6 + 6\,O_2 \xrightarrow[\text{(über viele Stufen)}]{} 6\,CO_2 + 6\,H_2O + \text{Wärme}$$

Kalorimeter
Das Kalorimeter ist eine Messeinrichtung, mit der man die Gesamtenergie messen kann, die bei der Verbrennung eines Stoffes entsteht. Im inneren Gefäß befindet sich die zu verbrennende Probe zusammen mit Sauerstoff und einer Zündvorrichtung. Außen herum ist ein Gefäß mit Wasser, das die, bei der Verbrennung entstehende, Wärme aufnimmt. Aus der Temperaturerhöhung im äußeren Gefäß lässt sich die Verbrennungsenergie berechnen.
Um Fehler zu vermeiden, muss während der Messung ein Wärmeaustausch mit der Umgebung möglichst ausgeschlossen werden. Die wärmeisolierten Gefäße heißen nach ihrem Erfinder Dewar-Gefäße. Sie sind wie eine Thermoskanne mit Doppelwänden gebaut. Der Raum zwischen den Wänden wird luftleer gepumpt. Das entstandene Vakuum leitet kaum Wärme.

▶ Energieeinsatz

fossile Brennstoffe
Dazu zählt man die Primärenergieträger (Energie) Erdöl, Erdgas, Braun- und Steinkohle. Sie entstanden vor Jahrmillionen durch die Zersetzung abgestorbener Pflanzen und Tiere unter dem Druck darüber liegender Gesteinsschichten und der Erdwärme. Die in ihnen enthaltene Energie stammt aus in Pflanzen gespeicherter Solarenergie. Fossile Brennstoffe sind nicht in unbegrenzter Menge verfügbar.

Biodiesel
Biodiesel wird aus Pflanzenölen hergestellt, meistens aus Rapsöl. In Gegenwart eines Katalysators werden die drei Fettsäuren vom Glyzerin abgespalten und gehen anschließend mit zugesetztem Methanol eine Verbindung ein. Daher heißt das Produkt chemisch auch Rapsölmethylester (RME). Rapsölmethylester hat sehr ähnliche Eigenschaften wie Diesel, aus Erdöl. Er lässt sich mit Diesel mischen aber auch allein in Motoren verbrennen. Die Motoren müssen dazu nicht verändert werden. Der Hauptvorteil von Biodiesel ist, dass er aus nachwachsenden Rohstoffen gewonnen wird. Außerdem ist er im Unterschied zum Diesel aus fossilen Rohstoffen nur schwach wassergefährdend.
Man kann aber auch auf die chemische Behandlung und die so genannte Umesterung verzichten und Pflanzenöl direkt als Treibstoff für Motoren verwenden. Dann muss aber der Motor umgerüstet oder sogar ausgetauscht werden, weil Rapsöl viel zäher ist als Diesel und sich auch schwerer entzünden lässt.

Energieverbrauch beim Warentransport
Energie muss nicht nur aufgewendet werden, um Waren herzustellen oder zu be- und verarbeiten, sie

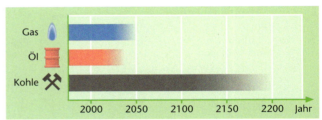

Reichweite fossiler Brennstoffe in Jahren bei gleichbleibender Entwicklung (Quelle: OECD)

wird hauptsächlich für den Transport benötigt, wenn Waren immer weitere Wege zurücklegen. Der Verbrauch von Treibstoffen und die daraus folgende Umweltbelastung sind problematisch. Im Jahr 2000 wurde fast so viel Dieselkraftstoff verbraucht wie Benzin, der größte Teil davon ging in den Gütertransport mit LKWs.

Energieverbrauch bei der Düngerherstellung
Die Herstellung von künstlichen Düngemitteln gehört zu den energieaufwändigen Prozessen in der chemischen Industrie (Dünger).

Art des Düngers	Energieeinsatz
Stickstoff (1 t N)	49,1 GJ
Phosphat (1 t P_2O_5)	17,7 GJ
Kalium (1 t K_2O)	10,5 GJ
Düngekalk (1 t CaO)	2,4 GJ

(berechnet nach Angaben von Patyk & Reinhardt 1997)

So liest man die Tabelle: Zur Herstellung von Phosphat-Dünger, der umgerechnet eine Tonne P_2O_5 enthält, benötigt man 17,7 GJ Primärenergie.

Infothek

▶ Entwicklung landwirtschaftlicher Betriebe

Bodennutzung
Mehr als die Hälfte der gesamten Fläche der Bundesrepublik Deutschland werden landwirtschaftlich genutzt. Dazu kommen noch einmal fast 30 %, die von Wald bedeckt sind.

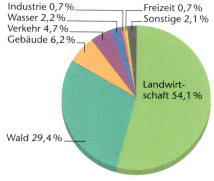

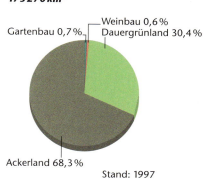

Stand: 1997

Düngemitteleinsatz
Agrarumweltprogramme, der gezielte Einsatz von Düngemitteln, sowie die EU-Agrarreform haben dazu beigetragen, dass in Deutschland der Verbrauch von Handelsdünger je Hektar landwirtschaftlich genutzter Fläche heute deutlich niedriger liegt als Ende der 80er-Jahre.

Entwicklung des Mineraldüngereinsatzes (in kg) pro Hektar landwirtschaftlich genutzter Fläche in Deutschland (Quelle: Agrimente, versch. Jgg.; Stat. Jahrbuch über Ernährung, Landwirtschaft und Forsten, versch. Jgg.)

Wie viele Verbraucher ernährt ein Landwirt?
1998 ernährte ein deutscher Landwirt 124 Verbraucher, das sind rund sieben mal soviel wie 1960.

	1960[1]	1998
Anzahl der Landwirte (Vollarbeitskräfte)	2,4 Mio.	0,6 Mio.
Durchschnittliche Betriebsgröße (Betriebe ab 1 ha)	9,3 ha	33,4 ha
Von jedem Landwirt im Durchschnitt ernährte Verbraucher (ohne importierte Futtermittel)	17	124

[1] Die Zahlen beziehen sich auf die alten Bundesländer

Erwerbstätige nach Wirtschaftsbereichen
1998 waren 2,9 % aller Erwerbstätigen in Land-, Forstwirtschaft und Fischerei beschäftigt. Für den ländlichen Raum stellt dieser Wirtschaftsbereich auch heute noch unverzichtbare Schlüsselarbeitsplätze bereit. Rund 80 % der von den Landwirten erzeugten Nahrungsmittel und Rohstoffe werden be- und verarbeitet. Zusammen mit den vor- und nachgelagerten Arbeitsbereichen steht jeder neunte Arbeitsplatz direkt oder indirekt mit der Landwirtschaft in Verbindung.

	Anteil aller Erwerbstätigen	
	1960[1]	1998
Land- und Forstwirtschaft, Fischerei	13,6 %	2,9 %
Produzierendes Gewerbe	47,6 %	33,8 %
Handel, Verkehr, Nachrichtenübermittlung	17,5 %	22,9 %
Übrige Wirtschaft	21,2 %	40,4 %

[1] nur alte Bundesländer

Arbeitskräfteeinsatz in der Landwirtschaft
2001 waren 1,32 Millionen Menschen in Deutschland in der Landwirtschaft tätig. Umgerechnet in Voll-Arbeitskrafteinheiten sind das 561 000 AK. 970 000 Personen arbeiteten in Teilzeit, 350 000 Personen in Vollzeit. Gegenüber 1999 ist die Zahl der Familienarbeitskräfte um 9 %, die Zahl der angestellten Arbeitskräfte um 4 % zurückgegangen. Die Familienarbeitskräfte machen rund zwei Drittel aller Arbeitskräfte aus. 28 % der Tätigkeiten in der Landwirtschaft werden von Frauen verrichtet. Die Anzahl der Arbeitskräfte in der Landwirtschaft sank insgesamt allein zwischen 1991 und 1998, also

innerhalb von sieben Jahren, um rund ein Drittel.
Der Anteil von familienfremden Arbeitskräften ging seit 1991 ebenfalls zurück, und zwar um etwa die Hälfte. Ein Grund dafür sind Rationalisierungsmaßnahmen der Betriebe, die zwecks Produktivitätserhöhung familienfremde und damit teure Arbeitskräfte entlassen.

Etwa 3 Millionen Menschen leben in landwirtschaftlichen Betrieben.
Die landwirtschaftlichen Betriebe sind nicht nur Arbeitsplatz und Erwerbsquelle, sondern auch gleichzeitig Wohn- bzw. Lebensraum. In Deutschland leben und wirtschaften 1,9 Millionen Personen als Betriebsinhaber und Familienangehörige in den landwirtschaftlichen Betrieben. Hinzu kommen etwa 1,1 Millionen Personen, die als abhängig Beschäftigte mit ihren Familienangehörigen mit der Landwirtschaft unmittelbar verbunden sind. Die in der Landwirtschaft tätigen Menschen und ihre Familien machen damit fast 4 Prozent der deutschen Gesamtbevölkerung aus.

Strukturwandel
Im früheren Bundesgebiet haben sich die in der Landwirtschaft tätigen Personen von 1950 bis 2001 von 6,776 Millionen auf 1,162 Millionen und damit um 83 Prozent verringert. In den landwirtschaftlichen Betrieben der ehemaligen DDR waren im September 1989 rund 850 000 Personen beschäftigt. Mitte 2001 waren nur noch rund 162 000 Personen dort beschäftigt.

Anteil jüngerer Landwirte ist angestiegen
Von der Altersstruktur her sind die Erwerbstätigen in der Landwirtschaft im Vergleich zur übrigen Erwerbsbevölkerung deutlich älter. Während in der Landwirtschaft 46% aller Erwerbstätigen älter als 45 Jahre sind, beträgt der entsprechende Anteil in der übrigen Erwerbsbevölkerung nur 35%. Die Alterslastigkeit der Erwerbstätigen in der Landwirtschaft deutet damit auf einen weiteren strukturellen Anpassungsdruck hin. Im europäischen Vergleich zählen die deutschen Landwirte aber zu den Jüngsten. Waren 1991 noch 62% aller Betriebsinhaber 45 Jahre und älter, so ist dieser Anteil 10 Jahre später auf 55% zurückgegangen.

Betriebe
In Deutschland gab es im Jahr 2002 394 600 landwirtschaftliche Betriebe ab 2 ha landwirt-

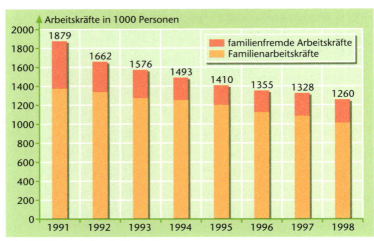

Arbeitskräfte in der Landwirtschaft
(Quelle: Agrarbericht der Bundesregierung. Bonn 1999, S. 8., aktualisiert)

schaftlicher Nutzfläche. Ihre Zahl nahm gegenüber dem Vorjahr um rund 17 000 bzw. um rund 4% ab. Die durchschnittliche Flächenausstattung stieg weiter an und betrug rund 43 ha. Im Jahr 2001 wurden ca. 174 100 (42,1%) der Betriebe von Einzelunternehmen im Haupterwerb bewirtschaftet. Sie bewirtschafteten rund 74% der gesamten Nutzfläche und verfügten im Durchschnitt über 50 ha eigene Nutzfläche.

Im Zuge des Strukturwandels verringert sich die Zahl der im Haupterwerb geführten landwirtschaftlichen Einzelunternehmen ständig. Ein Zuerwerb aus anderen Wirtschaftsbranchen ist besonders bei kleineren Betrieben und bei Betrieben in Regionen mit ungünstigen natürlichen Verhältnissen lebensnotwendig. So werden ca. 57% aller Betriebe im Nebenerwerb geführt. Die Einzelunternehmen im Haupterwerb bewirtschaften durchschnittlich rund 47 ha, die im Nebenerwerb geführten rund 12 ha landwirtschaftliche Nutzfläche.

Von Zuerwerb spricht man, wenn die Landwirtschaft ungefähr 50% des Einkommens sichert, von Nebenerwerb, wenn deutlich weniger als 50% des Einkommens durch die landwirtschaftliche Tätigkeit gesichert werden.

Die Fläche, die ein durchschnittlicher Betrieb in Deutschland bewirtschaftet, nimmt laufend zu. Die Flächenaufstockung erfolgt hauptsächlich durch Zu-

pacht. Der Pachtflächenanteil liegt bei über 63%.
Der wichtigste Betriebszweig in unserer Landwirtschaft ist die Milchviehhaltung. Rund 60% der Haupterwerbsbetriebe erzielen ihr Einkommen aus der Milcherzeugung. Die anderen 40% verteilen sich überwiegend auf Masthaltung von Schweinen und Geflügel sowie auf Getreideanbau.
Der Strukturwandel in der Landwirtschaft ist ein kontinuierlicher Prozess, der sich überwiegend im Zuge des Generationswechsels vollzieht.
Nach Norden und Osten hin nimmt in Deutschland der Anteil der größeren Betriebe zu. Der hohe Anteil an kleineren Betrieben im Süden und Südwesten ist zum Teil historisch begründet (Realteilungsgebiete, das bedeutet, dass der Hof zwischen den Erben gleichmäßig aufgeteilt wird), liegt aber auch an der größeren Zahl der Sonderkulturbetriebe (insbesondere Weinbaubetriebe).

Tierhaltung
Neben der Ausstattung mit landwirtschaftlicher Nutzfläche (LF) ist die Zahl der gehaltenen Tiere ein wichtiges Kriterium für die Leistungsfähigkeit eines Betriebes. In Deutschland überwiegen die kleineren und mittleren Tierhaltungen.

Maschineneinsatz am Beispiel der Traktoren
Von 1950 bis 1980 hat sich der gesamte Schlepperbestand in Deutschland nahezu verelffacht.
Der Grund für den rückläufigen Schlepperbestand seit 1980 liegt auch darin, dass die Leistung pro Traktor seit 1950 stark angestiegen ist, so dass diese heute 2,2mal so hoch ist wie noch 1950. Anstatt zu einer höheren Anzahl von Traktoren geht der Trend in der Landwirtschaft also heute zu größerer Leistung je Traktor. So lassen sich Arbeitskräfte sparen, da heute weniger Erwerbspersonen mit einer seit 1980 sinkenden Zahl an Traktoren mehr Fläche bearbeiten können.

Landwirtschaftliche Betriebe nach Ländern und Größenklassen 1999

	>100 ha	50–100 ha	30–50 ha	10–30 ha	1–10 ha
Baden-Württemberg	2,5%	9,5%	12,9%	33,1%	42,0%
Bayern	1,3%	7,5%	15,0%	41,0%	35,2%
Brandenburg	31,2%	8,7%	8,0%	20,3%	31,8%
Hessen	4,3%	12,3%	13,1%	32,9%	37,4%
Mecklenburg-Vorpommern	44,4%	9,1%	7,1%	17,7%	21,7%
Niedersachsen	8,6%	23,6%	18,4%	24,6%	24,8%
Nordrhein-Westfalen	3,0%	14,8%	18,2%	30,3%	33,7%
Rheinland-Pfalz	4,5%	13,1%	12,4%	27,4%	42,6%
Saarland	12,2%	16,7%	13,4%	24,8%	32,9%
Sachsen	19,3%	9,3%	7,0%	23,8%	40,6%
Sachsen-Anhalt	43,0%	10,2%	7,0%	15,3%	24,5%
Schleswig-Holstein	12,9%	27,0%	14,4%	17,7%	28,0%
Thüringen	23,1%	7,0%	5,1%	19,2%	45,6%

Betriebe mit größeren Produktionskapazitäten 1999

Land	Betriebe ab 100 ha LF in % aller Betriebe	Betriebe ab 100 Milchkühe in % der Milchviehbetriebe	Betriebe ab 1000 Mastschweine in % der Schweinemastbetriebe
Baden-Württemberg	2,5	0,1	0,1
Bayern	1,3	0,0	0,1
Brandenburg	31,2	57,9	0,8
Hessen	4,3	0,9	0,1
Mecklenburg-Vorpommern	44,4	57,1	11,7
Niedersachsen	8,6	2,2	2,3
Nordrhein-Westfalen	3,0	1,2	1,2
Rheinland-Pfalz	4,5	1,7	0,2
Saarland	12,2	0,0	0,0
Sachsen	19,3	24,0	4,5
Sachsen-Anhalt	43,0	58,7	8,1
Schleswig-Holstein	12,9	0,0	0,0
Thüringen	23,1	28,5	3,3
Deutschland (gesamt)	**5,7**	**2,5**	**1,0**

Entwicklung des Schleppereinsatzes in der Land- und Forstwirtschaft in Deutschland (1950–1999)

Jahr	Schlepper (in 1000)	Kilowatt/Schlepper	Kilowatt/100 ha LF
1950	139	17,3	17,0
1960	857	14,5	87,0
1970	1356	20,6	205,9
1980	1469	29,3	352,5
1990	1374	34,0	394,4
*1996	1167	37,1	249,9
*1998	1072	37,8	233,6
*1999	1031	38,2	229,5

*einschl. der Neuen Bundesländer (Quelle: Agrimente, versch. Jgg.; Stat. Jahrbuch über Ernährung, Landwirtschaft und Forsten, versch. Jgg.)

▶ Ergänzungsstoffe

Schutzstoffe
Unter Schutzstoffen versteht man sekundäre Pflanzeninhaltsstoffe, die neben Vitaminen, Mineralien und Spurenelementen in Getreide, Obst und Gemüse vorkommen, und die der Körper zur Bekämpfung von Krankheiten einsetzen kann. Sie verleihen den pflanzlichen Nahrungsmitteln Aroma, Duft und Farbe. Im menschlichen Körper zeigen sie vielfältige gesundheitsfördernde Wirkungen: manche stärken

das Immunsystem, wirken gegen Bakterien, Viren und Pilze, beugen Krebs, Herzinfarkt und Gefäßschädigungen vor, fördern die Verdauung und vieles mehr.
Sulfide und andere Inhaltsstoffe des Knoblauchs senken beispielsweise den Blutdruck, indem sie die Gefäße erweitern.

Vitamin C
Vitamine sind chemische Verbindungen, die im Körper des Menschen bestimmte lebenswichtige Funktionen zu erfüllen haben. Sie können vom Körper nicht hergestellt werden und müssen mit der Nahrung zugeführt werden. Vitamine sind für den Stoffwechsel unentbehrlich und ermöglichen die richtige Verwertung von Nahrungsbestandteilen, den Aufbau körpereigener Stoffe und die Ausscheidung von Stoffwechselabbauprodukten. Vitamine sind „Reglerstoffe", die nur in sehr kleinen Mengen benötigt werden. So liegt der tägliche Bedarf an Vitamin C bei 100 mg. Vitamin C-Mangelerscheinungen zeigen sich durch Mattigkeit, Knochenveränderungen, Zahnlockerung, Zahnfleischentzündung und verstärkter Neigung zu Infektionskrankheiten.
Vitamin C, chemisch Ascorbinsäure genannt, kommt in Paprika, Apfelsinen, Kartoffeln und vielen Früchten vor.
Wegen seiner konservierenden Eigenschaften wird Vitamin C in großem Umfang als Lebensmittel-Zusatzstoff bzw. als unschädlicher Konservierungsstoff (E 300) eingesetzt, z. B. in Champignonkonserven. Außerdem verhindert es die Braunverfärbung bei der Lagerung von Lebensmitteln.

> **Vitamine**
> 1912 prägte der polnische Forscher Casimir Funk den Begriff „Vitalamines" oder „Vitamine". Lebensnotwendige (Vita), stickstoffhaltige (amin) Nahrungsbestandteile, deren Nichtzufuhr Mangelerscheinungen auslöst. Der Begriff hat heute einen wesentlich erweiterten Inhalt, da viele Vitamine keine Stickstoffe enthalten.

Ballaststoffe
Ballaststoffe sind ein gutes Beispiel dafür, dass Namen irreführend sein können. Obwohl sie nahezu unverdaulich sind, sind sie keineswegs überflüssig. Im Gegenteil: Für eine regelmäßige gesunde Verdauung und für den Schutz vor vielen Krankheiten sind die Ballaststoffe unerlässlich. Ballast- oder Faserstoffe unterstützen die geregelte Verdauung. Zusammen mit reichlich Flüssigkeit sind sie die „Füllstoffe" für den Darm. Sie dehnen die Darmwand. Die dadurch ausgelösten „Füllungs- und Dehnungsreflexe" aktivieren die Darmtätigkeit. Ernährungsberater empfehlen die Aufnahme von 30 g Ballaststoffen pro Tag. Die wichtigsten pflanzlichen Ballaststoffe sind Zellulose, Hemizellulose, Lignin und Pektine. Pektine werden auch in Marmeladen oder Gummibärchen verwendet. Andere Ballaststoffe, z. B. Guar, Agar-Agar oder Gummiarabicum finden sich als Bindemittel in Lebensmitteln wie Süßwaren, Eiscreme und Salatsoßen.
Die wichtigsten Lieferanten für Ballaststoffe in der Nahrung sind Vollkornprodukte, Obst, Gemüse und Hülsenfrüchte.

Tagesbedarf
Zur Aufrechterhaltung der Lebensvorgänge benötigt der Mensch neben den Nährstoffen auch Ergänzungsstoffe. Dazu zählen u. a. Vitamine, Mineralstoffe und Spurenelemente. Die notwendigen Mengen werden als „empfohlener Tagesbedarf" bezeichnet. Er richtet sich nach Geschlecht und Alter, aber auch nach den individuellen Lebensumständen: berufliche und umweltbedingte Belastungen, körperliche Anstrengungen z. B. bei Sportlern und nervliche Belastung z. B. bei der Arbeit, Stress, Ernährungsgewohnheiten (einseitige Ernährung), Rauchen, Trinken u. v. a. m. .

Stoff	Tagesbedarf
Vitamin A	1 mg
Vitamin D	0,005 mg
Vitamin E	15 mg
Vitamin K	0,08 mg
B_2 (Riboflavin)	1,7 mg
B_6 (Pyridoxin)	1,8 mg
B_{12} (Cobalamin)	0,003 mg
Niacin	18 mg
Folsäure	0,4 mg
Pantothensäure	6 mg
Chlorid	200–830 mg
Kalium	400–2000 mg
Zink	1–11 mg

(nach: DGE, Deutsche Gesellschaft für Ernährung)

▶ Ernährungsverhalten

Esskultur
Sie besteht nicht nur in der Art und Weise, wie wir unsere Nahrung im Alltag oder zu besonderen Gelegenheiten zu uns nehmen, z. B. mit Messer und Gabel oder mit den Fingern, am Tisch sitzend oder gehend, sondern auch in der Art und Weise der Zubereitung oder der Möglichkeiten zur Kommunikation beim Essen. Wichtig ist dabei auch die Zeit, die wir uns und anderen für unser Essen einräumen.

Wildbeuter
Wildbeuter ist eine alte Bezeichnung für Sammler und Jäger. Es sind Gruppen, die zum Nahrungserwerb in der Umgebung ihrer Lager Wild, Fische und Vögel jagen und Wildsamen, Früchte, Wurzeln, Pilze, aber auch Insekten und Eier sammeln. Dabei sind zumeist die Männer mit der Jagd und die Frauen mit dem Sammeln beschäftigt. Das Verhältnis von fleischlicher zu pflanzlicher Nahrung ist regional sehr unterschiedlich. In wärmeren Regionen überwiegt Pflanzennahrung, während in den kälteren Regionen fleischliche Nahrung von größerer Bedeutung ist.

Volkskrankheiten
Dies sind solche Erkrankungen, die in weiten Teilen der Bevölkerung festzustellen sind. Sie sind möglicherweise auf mangelnde Bewegung oder falsches Essen und ungesunde Lebensweise, z. B. übermäßiges Rauchen und Trinken zurückzuführen.
Beispiele: Erkrankungen des Stoffwechsels, des Herzens und des Kreislaufs oder Krebs.
In der so genannten Dritten Welt zählt Hunger und seine Auswirkungen zu den Volkskrankheiten.

Essstörungen

Wenn alle Gedanken sich nur noch ums Essen drehen, kann von einer „Essstörung" gesprochen werden: „Darf ich essen oder nicht, bin ich dick oder dünn, attraktiv oder nicht?". Zu den Erscheinungsformen von Essstörungen gehören Magersucht (Anorexia-nervosa), Ess-Brechsucht (Bulimia-nervosa) und Esssucht (Adipositas).

Body-Check

Damit ist ein Verfahren gemeint, mit dem überprüft werden kann, ob das Körpergewicht sich in einem bestimmten „Normbereich" befindet. Der eigene Körper sollte einen ausreichenden Fettanteil besitzen. Acht bis zehn Prozent der Körpermasse von Männern sollte idealerweise aus Fett bestehen. Bei Frauen sollte dieser Wert etwa bei 20 bis 25 Prozent liegen. Der Körper braucht Fettgewebe als Energiespeicher. Dabei gilt jedoch wie so oft: Zu viel ist schädlich. Eine Möglichkeit für die Bestimmung, ob man unter-, über- oder normalgewichtig ist, ist der so genannte BMI (Body-Maß-Index).

Der BMI wird nach der Formel berechnet:

$$\frac{\text{Gewicht in Kilogramm (kg)}}{\text{Körpergröße (m)}^2}$$

Hier die optimalen BMI-Werte (Body-Maß-Index):

Alter	18–34 Jahre	Über 35 Jahre
Untergewicht (Sie sollten zunehmen)	BMI unter 19	BMI unter 19
Gesunder Bereich	BMI: 19–24	BMI: 19–26
Übergewicht (erhöhte Sterblichkeit)	BMI: 25–30	BMI: 27–30
Fettleibigkeit (markant erhöhte Sterblichkeit)	BMI über 30	BMI über 30

Bei Männern über 35 Jahren liegt der Normalwert des BMI zwischen 20 und 25, bei Frauen eher zwischen 19 und 24. Weil Menschen unterschiedlich gebaut sind (Knochenbau usw.), gibt es auch einen gewissen Spielraum, in dem sich der BMI-Wert bewegen kann. Wenn der Wert jedoch über 25–27 liegt, sollte abgenommen werden, um gesundheitlichen Schäden vorzubeugen.
Übergewicht kann u. a. Diabetes, Herzleiden, Krebs und erhöhten Blutdruck zur Folge haben. Wenn der BMI-Wert über 30 liegt, so ist eine medizinische Indikation für eine Gewichtsreduzierung angezeigt.

▶ Flaschengarten

Ein Flaschengarten ist das Minimodell einer sich selbst erhaltenden Lebenswelt. Er wird über mehrere Monate nicht gegossen und auch nicht gedüngt. Trotzdem geht es den pflanzlichen und tierischen Lebewesen in dieser Miniwelt gut.
Um einen Flaschengarten anzulegen benötigst du:
– ein großes Glasgefäß von mindestens drei Liter Inhalt, z. B. große alte Bonbongläser, kleine oder große Ballonflaschen
– Sand und Kies
– Komposterde (wenn nicht vorhanden Blumenerde)

Ernährungsbericht

Der Ernährungsbericht wird in vierjährigem Rhythmus (zuletzt 2000) von der Deutschen Gesellschaft für Ernährung (DGE) im Auftrag des Bundesministeriums für Verbraucherschutz, Ernährung und Landwirtschaft erarbeitet und herausgegeben.
Hauptzweck des Berichts ist es, einen Überblick über die aktuelle Ernährungssituation in Deutschland und die damit verbundenen Probleme zu geben.

– Erde, in der die Pflanzen wachsen (Standorterde)
– Moos, Farne oder andere feuchtigkeitsliebende Pflanzen
– durch den Flaschenhals passende Gabeln und Löffel, die zurecht gebogen und an längeren Holzstäben (Bastelgeschäft) befestigt werden

Der Boden des sauberen, gut getrockneten Gefäßes wird zunächst mit Sand und danach mit einer Sand-Kies-Schicht bedeckt. Anschließend wird das Gefäß

etwa zu einem Viertel mit Erde gefüllt. Zunächst wird eine 1 bis 2 cm hohe Schicht aus Standorterde eingefüllt, danach eine dickere Schicht Komposterde. Fülle alles durch einen langen Trichter (z. B. aus Papierrollen) ein, damit die Wände des Gefäßes sauber bleiben. Mithilfe der Werkzeuge werden die Pflanzen eingepflanzt. Fülle mit einem Schlauch vorsichtig Wasser ein, wähle einen hellen Platz (nicht in der prallen Sonne) und verschließe das Gefäß noch nicht. Du solltest im Tagesverlauf Kondensation und Verdunstung gut beobachten können. Morgens sind die Glaswände beschlagen, aber tagsüber muss das Kondensat verschwinden. Erst dann kannst du deine Miniwelt verschließen und sie sich selbst überlassen.

▶ Haltungsformen

Käfighaltung oder Intensivhaltung
Bis 2006: Die Hühner verfügen über keinen Auslauf ins Freie, werden nur in Käfigen gehalten. Fünf bis sechs Tiere sitzen in einem Käfig, mit den Maßen 60 cm x 40 cm x 40 cm (B,H,T). Pro Huhn ist also etwa ein Platz in der Größe eines DIN-A-4-Blattes vorgesehen.
Ab 2007: In Deutschland wird die Käfighaltung verboten, in der übrigen EU erst ab 2012.

Volierenhaltung
Bis 2006: Ähnliche Bedingungen wie bei der Bodenhaltung, aber mit übereinander angebrachten Ebenen. Die Hühner können jederzeit den gesamten Stallraum nutzen. Die Ställe sind mit Sitzstangen, Scharrraum, frei zugänglichen Futterstellen und Nestern ausgestattet. Pro Quadratmeter sind maximal 7 Hühner zugelassen. Das Einstreumaterial ist Stroh, Torf oder andere natürliche Materialien.
Ab 2007: Ähnlich wie Bodenhaltung, aber mit übereinander angebrachten Ebenen, auf denen sich bis zu 25 Hühner pro Quadratmeter frei bewegen können. Fließbänder dienen zur Kotbeseitigung.

Bodenhaltung
Bis 2006: Die Hühner können jederzeit den gesamten Stallraum nutzen. Die Ställe sind mit Sitzstangen, Scharrraum, frei zugänglichen Futterstellen und Nestern ausgestattet. Pro Quadratmeter sind maximal 7 Hühner zugelassen. Das Einstreumaterial ist Stroh, Torf oder andere natürliche Materialien.
Ab 2007: 9 Hennen pro Quadratmeter (1100 cm^2 pro Huhn), 2 m Mindesthöhe, Stallfläche mit Sitzstangen und Legenestern, mindestens ein Drittel davon ist „Scharrraum", maximal sind 6000 Tiere je Herde zugelassen.

Freilandhaltung
Bis 2006: Die Hühner haben neben dem Stall einen uneingeschränkten Auslauf im Freien. Jedem Huhn stehen mindestens 10 m^2 Auslauffläche im Freien zur Verfügung. Die Auslauffläche muss zum größten Teil bewacht sein. Die Gebäude müssen den Bedingungen für Boden- und Volierenhaltung entsprechen.
Ab 2007: Für kleinere Herden geeignet, im Stall gleiche Mindestanforderungen wie für die Bodenhaltung, dazu muss 4 m^2 Freiland je Huhn vorhanden sein.

Biologische Haltung
Die Legehennen müssen in traditioneller Auslaufhaltung gehalten werden. Die zur Verfügung stehende Auslauffläche muss 4 m^2 pro Legehenne betragen. Der Stall muss so beschaffen sein, dass die Legehennen scharren und sandbaden können, sowie Nester für das Eierlegen zur Verfügung haben. Ein- und Ausflugklappen müssen einen ungehinderten Zugang zur Freilandfläche sicherstellen. Pro Stall dürfen maximal 3000 Legehennen, bei maximal 6 Hennen je Quadratmeter, gehalten werden.
Die Nachtruhe muss mindestens 8 Stunden ohne künstliches Licht betragen. Das Schnabelstutzen und das Beschneiden der Flügel ist nicht erlaubt.
Das Futter, bestehend aus verschiedenen Getreidesorten, kommt aus anerkannt biologischem Anbau. Das bedeutet, ohne vorbeugende Zugabe von Medikamenten, ohne Leistungsförderer und ohne künstliche Dotterfarbstoffe.

Code-Nummer
Ein wichtiger Ratgeber beim Eierkauf ist die Codenummer, die auf jedes Ei gestempelt ist. Daran kann jeder Käufer Haltungsform, Herkunft und Nummer des Erzeugerbetriebes ablesen. Die erste Ziffer auf dem Ei weist auf die Haltungsform hin. Null steht für ökologische Wirtschaftsweise. Die Ziffer Eins steht für Freilandhaltung. Bodenhaltung trägt die Codenummer drei, die Käfighaltung die Codenummer fünf.
Die Käfighaltung soll laut EU-Regelung ab dem Jahr 2012 europaweit verboten werden. In Deutschland dürfen seit 13. März 2002 keine neuen Ställe mehr gebaut werden, in denen Hennen in Käfigbatterien gehalten werden.
Die nächste Bezeichnung trägt noch bis 2004 eine Zahl von 1 – 7 für das Herkunftsland, wird dann abgelöst durch ein Kürzel für das Land (z. B. D, NL). Auch der Legebetrieb und sogar der Stall lassen sich aus den nächsten Ziffern identifizieren, wenn der Verbraucher beim Händler nachfragt.

▶ Handel

Kolonien
Kolonien waren im Laufe der Geschichte Räume, die einerseits Objekte der wirtschaftlichen Spekulation waren, andererseits zur Machtdemonstration dienten. Dies galt im 15. Jahrhundert vor allem für Amerika, im 19. Jahrhundert verstärkt für Afrika. Europäische Staaten beuteten ohne Rücksicht auf die einheimische Bevölkerung aus (Zeitalter).

Ausbeutung
Die Einheimischen in Amerika oder Afrika hatten in der Kolonialzeit ihren Anspruch auf ihre eigenen

Ländereien verloren, zum Teil wurden ihnen besondere Reservate zugewiesen, die der (Land-)Spekulation der Weißen entzogen wurden.
Die Ausbeutung bezog sich auf Bodenschätze, aber auch auf die Arbeitskraft der einheimischen Bevölkerung.

GEPA
Die gepa gilt als Pionier im fairen Handel. Das „Fair-Handelshaus" gepa (Gesellschaft zur Förderung der Partnerschaft mit der Dritten Welt mbH) mit Sitz in Wuppertal ist die größte „Fair-Handelsorganisation" in Europa. Als Pionier und Marktführer handelt sie seit fast 25 Jahren zu fairen Preisen direkt und langfristig mit rund 140 Handelspartnern in Lateinamerika, Afrika und Asien. Verkauft werden vor allem Kaffee, Tee, Honig, Kakao und Schokolade, sowie Handwerksprodukte und seit neuestem fair gehandelte Bälle.

Transfair/Fairer Handel
Die gepa zahlt den Zusammenschlüssen von Kleinbauern oder Kleinhandwerkern Preise, die die Produktionskosten decken und darüber hinaus Spielraum für Entwicklungsaufgaben wie Schulbau oder Gesundheitsvorsorge lassen. So können die Produzentinnen und Produzenten aus eigener Kraft ihren Lebensunterhalt sichern.

Regionaler Einkauf
Aus allen möglichen Orten der Welt werden Produkte importiert, die wir im Supermarkt erwerben können, z. B. Salat aus Spanien, Tomaten aus Belgien, Spargel aus Griechenland. Die langen Transportwege bewirken eine beträchtliche Umweltbelastung. Durch regionalen Einkauf wird die Wirtschaft vor Ort gestärkt und damit die Arbeitsplätze in der Region gesichert. Die Transportwege vom Erzeuger zum Verbraucher werden verkürzt, die Umwelt dadurch geschont.

Welthandel
Welthandel umfasst die Gesamtheit aller Güter (Sachgüter und Dienstleistungen), die zwischen Nationen ausgetauscht werden. Statistisch gesehen umfasst er die Summe aller Ex- und Importe aller Länder in einer bestimmten Zeitperiode, meist innerhalb eines Jahres. Gängig sind Gliederungen des Welthandels nach Regionen, nach Ländergruppen entsprechend ihres „Entwicklungsstandes" (Industrie- und Entwicklungsländer) sowie nach Warengruppen.

▶ Lebensmittelbearbeitung

Konservierungsmethoden
Lebensmittel sind nicht unbegrenzt haltbar. Sie werden von Mikroorganismen, Pilzen und Bakterien befallen und dadurch ungenießbar und sogar schädlich. Durch das Konservieren werden Lebensmittel länger haltbar. Dadurch ist es möglich, die nur zu bestimmten Jahreszeiten vorkommenden Lebensmittel, wie z. B. Obst, das ganze Jahr über verfügbar zu machen. Konservierungsmittel töten Mikroorganismen, Bakterien und Pilze schon im Vorfeld ab, bzw. verhindern ihr Entstehen. Es gibt sehr viele verschiedene Konservierungsstoffe. Wegen ihrer spezifischen Wirkung gegen bestimmte Erreger werden sie häufig in Kombination eingesetzt. Manche Konservierungsmittel, wie z. B. Zucker, Essig oder Salz, geben den Lebensmitteln erst ihren gewohnten Geschmack, z. B. Zucker in Marmelade.

Physikalische Konservierung:
- Hitze: Pasteurisieren, Sterilisieren, Einkochen, Einmachen
- Wasserentzug: Trocknen, Gefriertrocknen
- Bestrahlung: UV-, Elektronen-, Röntgen-, Gammabestrahlung

Chemische Konservierung:
- Salzen, Pökeln, Zuckern
- Räuchern
- Säuern, Einlegen
- Zusatz von chem. Konservierungsstoffen

Frittieren
Das Frittieren ist eine Zubereitungsart, bei der z. B. die Kartoffel in einem Bad aus siedendem Öl gegart und gebräunt wird. Dazu benötigt man einen offe-

Pökeln
Beim Pökeln werden Salzgemische verwendet, die aus Kochsalz und Natriumnitrit (0,4 bis 0,5 %) bestehen. Ihre Aufgabe besteht darin, den Fleisch- oder Wurstwaren ihre Rotfärbung zu erhalten und ihnen Pökelaroma zu verleihen. Die Zusammensetzung der Pökelsalze ist gesetzlich geregelt.

nen Frittiertopf oder eine geschlossene Fritteuse. Zum Frittieren werden spezielle Frittierfette, gehärtetes Pflanzenfett oder Öl verwendet. Die Gartemperatur muss 160 °C bis 180 °C betragen.
Zum Frittieren eignen sich z. B. Pommes frites und Gebäck (Schmalzgebäck), aber auch klein geschnittenes Fleisch (Fondue) und Fisch, sowie Obst und Gemüse. Manche Lebensmittel werden vorher in einem Ausbackteig gewendet.

Emulsion

Wasser und Speiseöl sind zwei nicht ineinander lösliche Flüssigkeiten. Schüttelt man Wasser mit Speiseöl, erhält man eine milchige Flüssigkeit, eine Emulsion. Emulsionen entstehen, wenn eine Flüssigkeit in feinen Tropfen in einer anderen Flüssigkeit verteilt wird. Man unterscheidet zwischen Wasser-in-Öl-Emulsionen (W/O) und Öl-in-Wasser-Emulsionen (O/W), je nach dem, ob Öltröpfchen in Wasser oder Wassertröpfchen in Öl verteilt sind. In einer Emulsion wie Milch sind die Tröpfchen so klein, dass man sie nur unter dem Mikroskop erkennen kann.
Eine Emulsion aus Wasser und Speiseöl entmischt sich nach kurzer Zeit. Das Öl scheidet sich über dem Wasser ab. Diese Entmischung hängt mit der unterschiedlichen Struktur der Moleküle zusammen. Um eine Vermischung von Öl und Wasser trotzdem zu ermöglichen, werden Hilfsmittel eingesetzt, die zwischen den beiden „vermitteln". Diese Substanzen werden Emulgatoren genannt. Sie besitzen in ihrem Molekül einen Teil, der ähnliche Eigenschaften wie das Wasser hat (hydrophiler Molekülteil) und einen anderen Teil, mit Eigenschaften ähnlich eines Öls (hydrophober Teil). Gibt man einen Emulgator zu dem Speiseöl-Wasser-Gemisch, ordnen sich die Emulgatormoleküle wie in der Abbildung dargestellt an: der hydrophile Teil weist zum Wasser, der hydrophobe Teil taucht in das Öl ein. Die Tröpfchen bleiben in der Schwebe, weil sie sich bedingt durch die Emulgatorhülle voneinander abstoßen.
Emulgatoren werden verwendet bei der Herstellung von Speiseeis, Schokolade, Kuchen, Wurst, Margarine, Waschmittel, Wasserlacken usw.

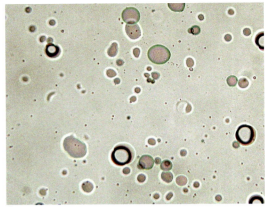

Öl-in-Wasser-Emulsion

modifizierte Stärke – ein häufiger Lebensmittelzusatzstoff

Stärke wird heute vielfältig verändert, um bestimmte Eigenschaften eines Lebensmittels zu verbessern, z. B. die Quellfähigkeit. Stärke kann dabei chemisch, physikalisch (Hitze, Druck) oder mithilfe von Enzymen verändert worden sein. Im Gegensatz zu herkömmlicher Stärke haben modifizierte Stärken andere Eigenschaften. Sie können z. B. kalt angerührt werden und sie sind gegenüber Hitze und pH-Schwankungen stabiler. Es gibt z. B. eine „gefriertau-stabile" Stärke in Tiefkühlprodukten, die sich gut einfrieren und auftauen lässt, was normalerweise bei Speisen, die mit Stärke gebunden sind, nicht möglich ist. Modifizierte Stärke wird auch als Fettaustauschstoff in fettreduzierten Lebensmitteln eingesetzt. Ansonsten wird sie wie herkömmliche Stärke in Lebensmitteln als Verdickungsmittel verwendet, u. a. in Mayonnaise und Salatsoßen, Soßen, Fertiggerichten, Tiefkühllebensmitteln, Puddings und Desserts.

Lebensmittelfarbstoff

Lebensmittelfarbstoffe sind natürliche oder synthetische Farbstoffe, die laut Lebensmittelgesetz zum Färben von Nahrungsmitteln zugelassen sind. Wir sind für ein appetitliches Aussehen empfänglich, so kaufen wir wohl eher eine leuchtend rote Erdbeermarmelade als eine gräulich ausgeblichene, obwohl letz-

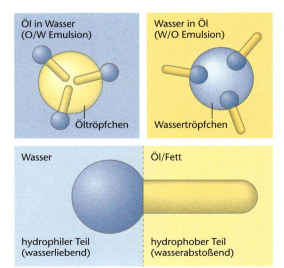

E-Nummer	Bezeichnung	Farbe	Verwendung
E 100	Kurkumin	gelb	Margarine, Marmelade, Senf, Currypulver.
E 140	Chlorophyll	grün	eingelegtes Gemüse, Marmelade, Limonade, Süßwaren und Kaugummi.
E 150 a	Zuckerkulör	Braunschwarz	Cola-Getränke, Whiskey, Marmeladen, Wurst, Fertigsaucen, Essig, Süßwaren und Malzbrot.

tere geschmacklich dieselbe Qualität hat. Unansehnliche Waren erhalten durch Lebensmittelfarben ein verkaufsförderndes farbiges Aussehen. Für eine gesunde Ernährung sind Farbstoffe aber überflüssig. Die natürlichen Farbstoffe und naturidentischen Farbstoffe sind gesundheitlich unbedenklich. Bei einigen Farbstoffen allerdings besteht der Verdacht auf gesundheitsschädigende Wirkung (synthetische Farbstoffe wie Azofarbstoffe, Erythrosin, Indigotin). Anhand der Zutatenliste kannst du erkennen, welche Lebensmittelfarbstoffe in den Produkten eingesetzt wurden.

Lebensmittelkennzeichnungsgesetz

Fast alle Lebensmittel, die du fertig verpackt kaufen kannst, müssen eine einheitliche Kennzeichnung tragen. Das schreibt die Lebensmittel-Kennzeichnungsverordnung vor. Aus der Reihenfolge der aufgeführten Zutaten erfährt der Verbraucher etwas über die Mengenanteile. An erster Stelle steht die Zutat mit dem größten Mengenanteil. An letzter Stelle die Zutat, von der die kleinste Menge verwendet wurde. Kennzeichnungselemente fertig verpackter Lebensmittel:

1. Verkehrsbezeichnung
2. Herstellerangabe
3. Füllmenge
4. Nährwertkennzeichnung
5. Zutatenverzeichnis
6. Mindesthaltbarkeitsdatum oder Verbrauchsdatum
7. Loskennzeichnung

Curry

Currypulver ist eine scharfpikante, ostindische Gewürzmischung aus 10 bis 20 verschiedenen Gewürzen. Hauptbestandteil ist ein dunkelgelbes Pulver, das aus dem Wurzelstock der Gelbwurz, auch Safranwurz genannt, gewonnen wird. Dazu wird die Gelbwurz gekocht, getrocknet und schließlich gemahlen. Das Pulver bildet den größten Anteil des Currypulvers. Es enthält das Pigment Kurkumin, worauf die starke Gelbfärbung zurückzuführen ist. Weitere Komponenten der Gewürzmischung sind u. a. Ingwer, Kardamom, Koriander, Paprika oder Chillies, Bockshornklee, Kümmel, Muskat, Nelken, Pfeffer und Zimt.

Gelbwurz (Curcuma domestica) verleiht dem Curry leuchtendgelbe Farbe

Kardamom

Gelbwurz

▶ Nachhaltigkeit

Im Gegensatz zur rein unter wirtschaftlichen Gesichtspunkten betrachteten Welt, bezieht die Betrachtungsweise unter nachhaltigen Gesichtspunkten die ökologischen und sozialen bzw. globalen Aspekte mit ein. Das gilt für jedes Vorhaben und jede Aktivität des Menschen.

Diese Überlegungen zielen darauf ab, die Lebenschancen möglichst vieler heute lebender Menschen zu verbessern, ohne die Chancen nachkommender Generationen dadurch einzuschränken.

Der 1987 vorgelegte Abschlussbericht der UN-Umweltkommission machte Nachhaltigkeit (sustainable development) zu einem weltweit diskutierten politischen Thema. Darin enthalten sind Empfehlungen zur Bevölkerungspolitik, Energieversorgung, Erhaltung der Artenvielfalt sowie Industrie- und Siedlungsentwicklung.

Zur gemeinsamen politischen Zielsetzung wurde „sustainable development" schließlich in der Deklaration von Rio erklärt, die 1992 von den Teilnehmerstaaten an der UN-Konferenz über Umwelt und Entwicklung gemeinsam beschlossen wurde.

Ökobilanz

Eine Ökobilanz stellt die Bewertung der Wirkung ökonomischen Handelns auf die Umwelt dar. Dabei können entweder alle umweltrelevanten Wirkungen eines so genannten Produktlebenszyklus erfasst werden oder alle ökologisch relevanten Aktivitäten eines Unternehmens einer Bestandsaufnahme unterzogen werden. Vor allem werden die Stoffströme erfasst, die bei der Planung, Entwicklung, Produktion und Entsorgung von Waren und Dienstleistungen auftreten.

Häufig werden einzelne Produkte in ihrer Umweltbelastung miteinander verglichen. Bekannt ist z. B. der Vergleich von Milch im Mehrwegsystem als Glasflasche oder im Einwegsystem als Tetrapack.

Produktlinienanalyse

Die Produktlinienanalyse (PLA) versucht aus der Perspektive des Produktes und dessen Lebenszyklus ökologischen Krisen unter Berücksichtigung von wirtschaftlichen und sozialen Abhängigkeiten zu begegnen. Alle Aspekte von Naturzerstörung und Sozialabbau, die in der traditionellen Erfassung bewusst oder unbewusst ausgeklammert werden, werden an einem konkreten Produktfall erfasst. Gleichzeitig enthält die PLA aber die wirtschaftlichen Rahmendaten, so dass wechselseitige Beziehungen (Interdependenzen) zwischen verschiedenen Interessen und Bereichen augenfällig werden. Die Auswertung einer PLA richtet sich nach den Akteursstandpunkten, die eingenommen werden. Sicher setzen Wirtschaftsunternehmen andere Schwerpunkte als z. B. Verbraucherinstitutionen.

Ein Beispiel für eine solche Analyse wäre: „Textilien", konkret z. B. Jeans von ihrem Rohstoff, über die Verarbeitung, über das Tragen bis zur Entsorgung zu betrachten.

Ökologisch anerkannte Produktion

Die biologische Landwirtschaft, auch biologischer oder ökologischer Landbau bzw. alternative Landwirtschaft genannt, hat als landwirtschaftliche Produktionsmethode das Ziel, möglichst gesunde und hochwertige Nahrungsmittel zu produzieren und dabei den Einsatz von synthetischen Düngemitteln, Pestiziden, Wachstumsregulatoren und Viehfutterzusätzen ganz oder weitgehend zu vermeiden, um die Belastung des Ökosystems Erde zu verringern. Angestrebt ist ein Ackerbau nach dem Vorbild ökologischer Kreisläufe. Dabei wird versucht, durch Anwendung bestimmter Methoden und Prinzipien die Fruchtbarkeit des Bodens zu erhalten oder zu steigern, mit dem Ziel der Selbstregulierung des ökologischen Gleichgewichts auf den landwirtschaftlichen Nutzflächen.

Ökosiegel

Öko-Lebensmittel oder Bio-Lebensmittel lassen sich am so genannten Öko-Siegel oder Öko-Label erkennen. Es gibt eine bunte Vielfalt dieser Siegel oder Label, hauptsächlich unterschieden nach den verschiedenen Verbänden, die nach unterschiedlichen Richtlinien arbeiten. Ziemlich verwirrend für den Verbraucher, aber es gibt doch eine Reihe von anerkannten Siegeln und Labeln.

Verbände:
– Bioland
– Naturland
– Demeter
– EcoVin (ökologisch erzeugte Weine)

Marken:
– bio im Reformhaus
– Biowertkost
– Füllhorn
– Naturkind

Bio-Siegel
Dieses Bio-Siegel kann von Erzeugern und Handel zusätzlich zu den bisher genutzten (insgesamt über 100 verschiedenen) Bio- oder Ökosiegeln oder Labeln benutzt werden, um mehr Transparenz in den Bereich der so genannten Bio- oder Ökoprodukte zu bringen. Für den Verbraucher wird durch dieses Bio-Siegel sofort und unmissverständlich klar, dass das betreffende Produkt nach strengen, nachvollziehbaren, kontrollierten Bestimmungen erzeugt und verarbeitet wurde. Ein eventuell zusätzlich angebrachtes Siegel, z. B. eines bestimmten Anbauverbandes, vermittelt weitere Informationen.
Verbraucher werden durch das Bio-Siegel in die Lage versetzt, Bio-Produkte schnell und sicher von herkömmlichen Produkten zu unterscheiden.

Bio-Siegel

Ökobauer
Ein Landwirt, der versucht, der Natur nicht zu schaden, indem er z. B. keine Gifte und keinen künstlichen Dünger verwendet und besondere Bearbeitungsrichtlinien des Bodens (z. B. möglichst geringe Verdichtung) einhält, wird umgangssprachlich Ökobauer genannt.

McDonaldisierung
„Die McDonaldisierung der Gesellschaft", so lautet der Titel des Buches von Georg Ritzer. In Anlehnung an eine Fast-food-Restaurantkette prägte er diesen Begriff. Er steht für unsere heutige Produktions- und Wirtschaftsform, als Ausdruck einer Lebenshaltung: Verlust von Individualität, Standardisierung überall. Treibende Kraft ist das Bestreben nach Rationalisierung, d. h. wachsende Effizienz, Vorhersagbarkeit, Berechenbarkeit und Kontrolle sämtlicher Produktionsabläufe.

▶ Nachweismethoden

Mit Nachweismethoden lassen sich Mischungen daraufhin untersuchen, ob bestimmte Stoffe in ihnen enthalten sind. Bei diesen Methoden werden charakteristische chemische Reaktionen genutzt. Andere Untersuchungsmethoden messen bestimmte Eigenschaften einer Mischung (z. B. Lösung); aus den Ergebnissen kann man berechnen, wie viel von einem bestimmten Stoff enthalten ist.

Zuckernachweis mit Fehlingprobe
Die Fehling-Lösung ist ein Reagens für den Nachweis von Zuckern wie Glucose, Fructose, Maltose. Es besteht aus einer wässrigen Kupfersulfatlösung, genannt Lösung (I), und einer Lösung (II) aus Kalium-

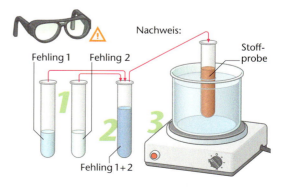

natriumtartrat und Natronlauge. In Gegenwart von Zucker färbt sich die Lösung von blau nach karminrot. Die Farbreaktion tritt erst beim Erhitzen auf. Zweifachzucker wie Saccharose und Mehrfachzucker wie Stärke und Cellulose, in denen Zuckermoleküle miteinander verknüpft sind, zeigen keine Fehling-Reaktion.

Gib je 2 ml einer Lösung von Fehling I und Fehling II in ein Reagenzglas und schüttle vorsichtig. Gib eine kleine Portion Glucose zu der tiefblauen Lösung und erwärme im Wasserbad.

Schutzbrille tragen!

Übrigens: Für Chemieinteressierte: in Gegenwart von Zucker wird die blaue Cu(II)-Lösung zu unlöslichem, rotbraunem Cu(I)-oxid reduziert; der Zucker wird gleichzeitig oxidiert.

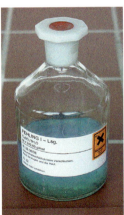
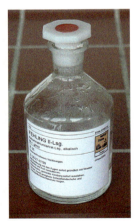

Fehling-Lösung I
7 g kristallisiertes Kupfer(II)-sulfat werden in 100 ml destilliertem Wasser gelöst.

Fehling-Lösung II
35 g Kaliumnatriumtartrat und 10 g Natriumhydroxid werden in 100 ml destilliertem Wasser gelöst.

Fettnachweis
Fettfleckprobe: Da Fette nur sehr langsam verdunsten, bilden sie auf Papier bleibende Flecke. Eine positive Fettfleckprobe erhältst du, wenn du ölhaltige Pflanzensamen zwischen zwei Filterpapieren presst. Probiere es einmal mit Sonnenblumenkernen, Nusskernen oder Mohn aus. Feste Nahrungsmittel kannst du auf Papier drücken, bei Flüssigkeiten wird ein Papierstreifen eingetaucht und gegebenenfalls abgespült. Nach Abtrocknen bleibt der typische Fettfleck zurück. Versteckte Fette wie in Käse oder Wurst werden zuerst mit Alkohol aus dem Lebensmittel herausgelöst, und dann wird die Fettfleckprobe mit der Lösung durchgeführt.

Stärkenachweis
Stärke (Nährstoffe) in Nahrungsmitteln kannst du mit einer Iodlösung nachweisen. Die Iodlösung kann direkt auf die Probe getropft werden (z. B. auf Kartoffelscheiben) oder in eine Lösung, in der sich die Probe gelöst befindet. Tritt eine schwarz-violette Färbung der Probe auf, dann ist Stärke enthalten.

Stärke ist kein einheitlicher Stoff: Sie besteht aus der wasserlöslichen Amylose und dem aufquellenden, nicht löslichen Amylopektin. Iodlösung ergibt mit Amylopektin eine rotbraune, mit Amylose eine tiefblaue Färbung.

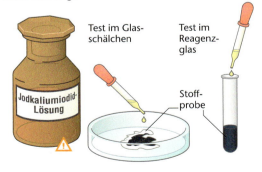

Hinweis:
Herstellung einer Iodlösung (Iod-Kaliumiodidlösung) zum Stärkenachweis: 2 g Kaliumiodid in 10 ml Wasser lösen und mit 1 g Iod versetzen, mit Wasser auf 100 ml auffüllen.

Eiweißnachweis

1. Beim Verbrennen von Eiweiß tritt ein charakteristischer, unangenehmer Geruch nach angebranntem Ei auf.
2. Die Xanthoproteinreaktion ist eine Farbreaktion. Gibst du auf eine eiweißhaltige Probe konzentrierte Salpetersäure, entsteht eine Gelbfärbung.
3. Die Biuretreaktion ist ebenfalls eine Farbreaktion: Eine alkalische Eiweißlösung färbt sich nach Zugabe von Kupfersulfatlösung violett.

Schutzbrille tragen!

Kohlenstoffdioxidnachweis mit Kalkwasser

Mit Kalkwasser lässt sich Kohlenstoffdioxid nachweisen. Du lässt das zu untersuchende Gas durch das Kalkwasser perlen, z. B. in einer Gaswaschflasche. Ein positiver Nachweis ist an der Trübung des Kalkwassers zu erkennen. Die Trübung entsteht, weil sich ein weißer Niederschlag aus feinverteiltem Calciumcarbonat bildet:

$$Ca(OH)_2 + CO_2 \rightarrow CaCO_3\downarrow + H_2O$$

Mit Kalkwasser lässt sich auch in Wasser gelöstes Kohlenstoffdioxid nachweisen. Kohlenstoffdioxid ist in Wasser teilweise physikalisch und teilweise chemisch gelöst (CO_2-Kreislauf). Die entstehende Kohlensäure (H_2CO_3) kann man nicht als reine Substanz herstellen.

Herstellung von Kalkwasser
Chemikalien:
Calciumhydroxid, destilliertes Wasser.
Durchführung:
In einem Becherglas werden 2 g Calciumhydroxid in ca. 250 ml destilliertem Wasser gelöst. Die leicht trübe Lösung wird filtriert. Falls das Filtrat noch nicht ganz klar ist, wird erneut filtriert. Anschließend füllt man das Kalkwasser in eine Vorratsflasche.
Hinweis:
Nach längerem Stehen wird Kalkwasser langsam trübe, da es mit dem Kohlenstoffdioxid der Luft, z. B. beim Öffnen der Vorratsflasche, reagiert. In diesem Fall reicht es, wenn die Lösung neu filtriert wird.

Blindprobe

Ab und zu sollst du während deiner Experimente so genannte Blindproben durchführen. Das sind Versuche unter den in der Versuchsanleitung genannten Bedingungen (Chemikalienzusatz, Erwärmung), allerdings **ohne** die zu untersuchende Substanz. Dadurch soll kontrolliert werden, ob z. B. eine Nachweisreaktion fehlerhaft ausfällt, weil Chemikalien verunreinigt waren. Eine Blindprobe zeigt auch den deutlichen Unterschied der Reaktion mit und ohne zu prüfende Substanz. Dadurch lässt sich das Ergebnis auch eindeutiger bewerten.

Weitere Untersuchungsmethoden

Der pH-Wert und seine Bestimmung

Der pH-Wert sagt aus, ob eine wässrige Lösung (z. B. Wasser) sauer, neutral oder alkalisch ist.

> Ist der pH-Wert kleiner als 7, so ist die Lösung sauer.
> Ist der pH-Wert genau 7, so ist die Lösung neutral.
> Ist der pH-Wert größer als 7, so ist die Lösung alkalisch (basisch).

pH-Wert und Farbe von Universalindikator		Beispiele	pH-Werte
0	stark sauer	ca. 4%ige Salzsäure	etwa 0
1	stark sauer	Magensaft	1,0 bis 2,0
2	stark sauer	Zitronensaft / Speiseessig	2,3 / 2,3 bis 3,0
3	stark sauer	Wein	etwa 3,0
4	schwach sauer	Urin	4,0 bis 7,0
5	schwach sauer	„reiner" Regen	5,6
6	schwach sauer	Milch	6,4 bis 6,7
7	neutral	reines Wasser / Blut	7,0 / 7,4
8	schwach alkalisch	Meerwasser / Darmsaft	8,3 / 8,3
9	schwach alkalisch	Seifenlösung	8,0 bis 10,0
10	schwach alkalisch	Kalkwasser	10,5
11	schwach alkalisch	Salmiakgeist	11,9
12	stark alkalisch		
13	stark alkalisch		
14	stark alkalisch	ca. 4%ige Natronlauge	etwa 14,0

pH-Werte einiger häufig vorkommender Lösungen

Verändert sich der pH-Wert um eine Einheit, z. B. von pH = 1 zu pH = 2, dann enthält eine Lösung nur

noch 1/10 des ursprünglichen Säuregehaltes.
Der pH-Wert bezieht sich auf die Konzentration der Wasserstoffionen (H_3O^+) in einer Lösung. Ein pH-Wert von 1 bedeutet, dass 10^{-1} Mol H_3O^+-Ionen in einem Liter Lösung sind. Ein pH-Wert von 14 bedeutet, dass 10^{-14} Mol H_3O^+-Ionen in einem Liter Lösung sind.
Den pH-Wert von Lösungen kann man elektrisch mit einem pH-Meter messen oder mit einem pH-Indikator bestimmen. Indikatoren sind Farbstoffe, die ihre Farbe bei einem bestimmten pH-Wert verändern. Es gibt flüssige Indikatoren (Indikatorfarbstoff ist gelöst), Indikatorpapier und Indikatorteststäbchen (Indikatorfarbstoff befindet sich auf der Papieroberfläche).

Die Bestimmung des pH-Wertes mit Bromthymolblau
Ein häufig benutzter Indikator ist Bromthymolblau. Es wechselt bei pH 6,0 bis 7,8 von gelb nach blau. Eine gelbe Indikatorfärbung zeigt also eine saure Lösung an, die einen pH-Wert von 6 oder kleiner als 6 haben kann. Gibt man einige Tropfen Bromthymolblau in eine Ammoniaklösung, färbt sich diese blau (pH ≈ 12).

Universalindikator
Universalindikatoren erhält man durch Mischung von Indikatoren mit unterschiedlichen Farben und unterschiedlichen Umschlagsbereichen.
Weil Universalindikatoren ihre Farbe mit dem pH-Wert kontinuierlich verändern, kann man damit den pH-Wert einer unbekannten Lösung relativ genau bestimmen.

Bestimmung des Zuckergehaltes mittels Dichtevergleich
Körper gleicher Größe (Volumen) können unterschiedlich schwer sein, je nach dem, aus welchem Material sie bestehen. Die Dichte ist eine stoffspezifische Größe. Sie gibt an, welche Masse ein 1 cm³ großer Würfel eines Stoffes besitzt. Wasser (bei 4 °C) hat definitionsgemäß eine Dichte von 1, d. h. 1 ml Wasser hat die Masse 1 g.

Feststoff (20 °C)	Dichte (g/cm³)
Aluminium	2,702
Blei	11,34
Eisen, Roh-, weiß	7,7
Glas, Normalglas	2,58
Gold	19,28
Kochsalz	2,17
Kupfer	8,96
Magnesium	1,74
Platin	21,45
Zink	7,14
Wasser (4 °C)	1,0
Alkohol	0,79
Quecksilber	13,55

Wenn man die Dichte von Stoffen kennt, hat man meist einen Anhaltspunkt dafür, um welchen noch unbekannten Stoff es sich handeln könnte. Ermittelt man für einen unbekannten festen Stoff eine Dichte von 11,3 g/cm³, dann handelt es sich höchstwahrscheinlich um Blei.

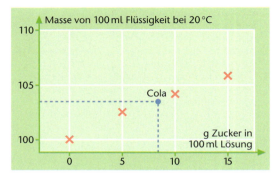

Dichtebestimmung einer Flüssigkeit:
Stelle einen Standzylinder auf eine elektronische Waage und betätige die Tara-Taste. Fülle genau 10 ml der zu untersuchenden Lösung in den Standzylinder ein und ermittle die Masse. Berechne die Dichte, indem du den Quotienten aus Masse und Volumen bildest:

$$\text{Dichte } (\varrho) = \frac{\text{Masse } (m)}{\text{Volumen } (V)}$$

Wenn die Waage keine Tarafunktion hat, musst du den Standzylinder leer wiegen und seine Masse anschließend vom gewogenen Wert des gefüllten Gefäßes abziehen.
Dichtebestimmung eines Feststoffes:
Die Masse des Feststoffes ermittelst du durch wiegen. Das Volumen bestimmst du, indem du ihn in einen mit Wasser gefüllten Standzylinder eintauchst. Lies ab, um wie viel Milliliter der Wasserpegel stieg. Die Volumendifferenz beziffert das Volumen des eingetauchten Feststoffes. Der Quotient des Feststoffes ergibt auch hier aus Masse und Volumen den Dichtewert in g/cm³.

Fertigplatten
Da man Mikroorganismen wie z. B. Bakterien einzeln nicht sehen kann, versucht man sie auf bestimmten Nährböden anzusiedeln und zu einer Bakterienkultur wachsen zu lassen. Dann kann man sie mit bloßem Auge wahrnehmen. Dazu stellt man sich Petrischalen mit Nährböden selbst her oder verwendet Fertigplatten. In den Nährböden befinden sich die Stoffe, die Mikroorganismen zum Wachsen benötigen: Wasser und Nährstoffe.
Das Vorhandensein von Mikroorganismen in der Luft lässt sich durch das Aufstellen von Fangplatten an ausgewählten Orten demonstrieren. Abklatschplatten müssen in direkten Kontakt mit dem zu untersuchenden Gegenstand, z. B. ein Geldstück oder der Zeigefinger, gebracht werden.
Die Petrischalen werden anschließend mit Deckel und Klebestreifen dicht verschlossen, beschriftet, umgedreht und „bebrütet". Nach ein paar Stunden bis Tagen an einem warmen Platz kann man das Anwachsen einer Bakterienkultur beobachten.

▶ Nährstoffe

Fette

Fette gehören neben den Kohlenhydraten und Eiweißen zu den Grundnährstoffen. Sie kommen in vielen pflanzlichen und tierischen Lebensmitteln vor und liefern mit 37 kJ/g die meiste Energie. Neben der Funktion als Energielieferant nimmt man mit Fetten wichtige Fettsäuren, fettlösliche Vitamine und Geschmacksstoffe auf. Fette sind Baustoffe für Nervengewebe und Zellmembranen und bieten als Fettpolster Schutz für innere Organe und vor Kälte.
Die empfohlene Menge Fett am Tag liegt bei 75 g. Allgemein sollte der Anteil an Fetten in der Nahrung bei 20 bis 25 Prozent liegen. Dabei ist zu beachten, dass neben den sichtbaren Fetten die übliche Ernährung zum großen Anteil unsichtbare, versteckte Fette enthält, besonders in Käse, Wurst oder Kuchen.
Man unterteilt Fette in feste, halbfeste und flüssige Fette. Bei Zimmertemperatur flüssige Fette heißen Öle. Pflanzliche Fette haben einen höheren Anteil an ungesättigten Fettsäuren und sind für eine gesunde Ernährung von Bedeutung.

Übrigens: Für chemisch Interessierte: Fette entstehen aus der Reaktion von Glycerin mit Fettsäuren. Gesättigte und ungesättigte Fettsäuren unterscheiden sich durch ihren Anteil an Wasserstoffatomen pro Molekül. Ungesättigte Fette können durch die Reaktion mit Wasserstoff in gesättigte Fette umgewandelt werden.

Eiweiß

Eiweiß ist ein Nährstoff, der hauptsächlich für den Aufbau des Körpers wichtig ist, weniger für die Bereitstellung von Energie. Eiweißreiche Lebensmittel sind Milch und Milchprodukte, Getreide, Kartoffeln, Hülsenfrüchte (Linsen, Erbsen, Bohnen), Nüsse, Eier und Fleisch. Eiweiß kann also pflanzlicher oder tierischer Herkunft sein.

	tägl. Eiweißbedarf pro kg Körpergewicht
Erwachsene	0,8 g bis 1,0 g
Sportler	1,5 g bis 2,0 g
Kinder	1,0 g und 2,2 g

Eiweißmoleküle bestehen aus 20 Aminosäuren, von denen 8 lebensnotwendig sind (essenzielle Aminosäuren). Diese kann der Körper nicht selbst aufbauen, sie müssen über die Nahrung aufgenommen werden.

Kohlenhydrate

Kohlenhydrate sind der Hauptenergielieferant in der Nahrung. 1 g Kohlenhydrate liefern 17 kJ. Etwa 55–60 % des täglichen Energiebedarfs sollte aus Kohlenhydraten stammen.
Kohlenhydratreiche Lebensmittel sind z. B. Brot, Kartoffeln, Teigwaren, Gemüse oder frisches Obst. Ein Überschuss an Kohlenhydraten wird im Körper zu Fett umgewandelt und so gespeichert.

Einteilung der Kohlenhydrate:
Einfachzucker (Monosaccharide): besteht aus einem Zuckermolekül; dazu gehören Traubenzucker (Glukose) und Fruchtzucker (Fruktose).
Doppelzucker (Disaccharide): besteht aus zwei einfachen Zuckermolekülen; dazu gehören Rohr- und Rübenzucker (Saccharose, der üblicherweise im Haushalt verwendet wird), Malzzucker (Maltose, in Gerste und Bier) und Milchzucker (Laktose, in Milch und Milchprodukten).
Mehrfachzucker (Polysaccharide): besteht aus vielen einfachen Zuckermolekülen; dazu gehört Stärke und Zellulose (unverdaulicher Ballaststoff).

Einfachzucker (Glucose)

Stärke gehört zu den Mehrfachzuckern. Sie ist ein langkettiges Molekül aus Zuckermolekülen. Stärkemolekül:

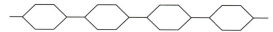

Stärke wird durch das Enzym Amylase, das im Speichel enthalten ist, zerlegt. Kleinere Einheiten der Stärke sind Zuckermoleküle. Das kann man beim längeren Kauen einer Weißbrotscheibe schmecken. Je länger die Stärke im Mund verweilt und mit dem Speichel in Berührung kommt, desto mehr wird sie zerlegt. Die Stärke ist deshalb nach längerer Zeit nicht mehr nachweisbar (Nachweismethoden). Stärke ist kein einheitlicher Stoff. Sie besteht aus der wasserlöslichen Amylose und dem aufquellenden, nicht löslichen Amylopektin. In der Amylose sind die spiralförmig gedrehten Stärkemoleküle unverzweigt, im Amylopektin sind sie verzweigt.

Inhaltsstoffe der Kartoffel

Inhaltsstoff	in 100 g
Eiweiß	2 g
Fett	0,1 g
Kohlenhydrate	14,6 g
Ballaststoffe	2,3 g
Vitamin A	1,0 µg
Vitamin E	0,1 mg
Vitamin B_1	0,1 mg
Vitamin B_6	0,2 mg
Folsäure	3,0 µg
Vitamin C	12,3 mg
Natrium	2,0 mg
Kalium	341 mg
Calcium	6,0 mg
Magnesium	19,0 mg
Phosphor	47 mg
Eisen	0,4 mg
Zink	0,3 mg
Energie	68 kcal/258 kJ

Grundnahrungsmittel

Dabei handelt es sich um ein Nahrungsmittel, welches einen so wesentlichen Teil der Ernährung dar-

stellt, dass sein Fehlen große Nachteile für die Bevölkerung zur Folge hätte. Zu den Grundnahrungsmitteln in Europa gehören: Weizen, Roggen, Kartoffeln, Milch und Milchprodukte, Obst, Gemüse und Wasser. Grundnahrungsmittel in anderen Regionen der Welt sind z. B. Reis, Mais, Maniok, Fisch.

Maniok, Manioka, Brotwurzel oder Kassave

▶ Rollenspiel

In einem Rollenspiel wird ein aktuelles Thema in einer gespielten Situation aufgearbeitet, bei der den einzelnen Teilnehmern Rollen zugeschrieben werden. Anders aber als etwa im Theater liegen hier die zu sprechenden Sätze für die einzelnen Schauspieler nicht vollständig fest. Es gibt im Rahmen der vorgegebenen Thematik für alle große Möglichkeiten die Wortbeiträge selbst zu gestalten, weil das Drehbuch in der Regel nur wenige Vorgaben macht und dem freien Spiel viel Raum lässt.

Für das Rollenspiel muss es immer ein konkret formuliertes Thema und eine klar vorgegebene Spielsituation geben. Wir schlagen euch hier die Spielsituation „Podiumsdiskussion" und das Thema „Das ganze Jahr Erdbeeren – egal woher und wie teuer?" vor, an dem viele Probleme des weltweiten Handels und der Landwirtschaft zusammengefasst und verdeutlicht werden können.

Die Podiumsdiskussion sieht immer so aus, dass es einen Gesprächsleiter/eine Gesprächsleiterin und einige Teilnehmer/Teilnehmerinnen gibt, die in der Regel kontroverse Standpunkte zur Thematik vertreten. Weiterhin gehört das Publikum dazu, das sich zunächst die Standpunkte der Podiumsteilnehmer anhört und dann mit eigenen Fragen und Diskussionsbeiträgen aktiv in das Gespräch eingreifen kann. Damit das Spiel gut gelingt, benötigen die Podiumsteilnehmer klare Vorgaben für ihre Rollen und alle Beteiligten viele Informationen zur Thematik aus unterschiedlichster Sichtweise. Die Rollen sollten auf Rollenkarten fixiert werden. In der eigentlichen Erarbeitungsphase müssen nun die Rollen ausgearbeitet werden. Dazu gehört, dass sich jeder Spieler folgendes überlegt:
– Was ist mein Hauptargument?
– Welche unterstützenden Sachargumente und Begründungen kann ich formulieren?
– Mit welchen Gegenargumenten muss ich rechnen?
– Welche Ziele verfolge ich? Welche Interessen habe ich?

Formuliert ausführliche Texte zu diesen Fragen. Ihr könnt dazu z. B. für jeden Podiumsbeitrag in der Vorbereitung eine Gruppe bilden. Die anderen Teilnehmer der Gruppenarbeit, die nicht auf dem Podium sitzen, können dann als Publikum in der zweiten Phase des Spiels ihren Teilnehmer durch kritische Fragen an die anderen Podiumsteilnehmer oder durch eigene Diskussionsbeiträge unterstützen.

▶ Salze

Salze sind in der Regel Verbindungen aus metallischen und nichtmetallischen Elementen, wobei die Metalle die Kationen und die Nichtmetalle die Anionen bilden. Natriumchlorid, gewöhnliches Kochsalz, ist eine **Verbindung** aus den **Elementen** Natrium und Chlor. Die Elemente sind in der riesigen Zahl von über 4 Millionen bekannter Stoffe eine ganz kleine Gruppe. Nur einige wenige kommen in der Natur in reiner, elementarer Form vor, z. B. das Gold oder das Element Kohlenstoff in Form von Diamanten. Von einem Element sprechen wir immer dann, wenn der Stoff ausschließlich aus nur einer Art von Atomen aufgebaut ist. Die bekannten Atome, etwa 130, werden in Tabellen zusammengestellt, den sogenannten Periodensystemen der Elemente.

Immer, wenn am Aufbau eines Stoffes mehr als nur eine Atomart beteiligt ist, spricht man von einer Verbindung. Das ist bei fast allen Stoffen der Fall. Dabei können nur zwei Atomarten beteiligt sein, wie z. B. beim Wasser, oder aber sehr viel mehr.

Alle Verbindungen, natürlich auch alle Salze, kann man sich, rein theoretisch, so entstanden denken, dass sie aus den Elementen, die zu den beteiligten Atomen gehören, hergestellt worden seien. Für das Kochsalz ist dieses auch praktisch möglich. Fragt euren Lehrer, ob er den Versuch der Kochsalzsynthese mit euch durchführt.

Der Prozess der Kochsalzbildung ist eine **chemische Reaktion**. Diese wird in der Formelsprache der Chemie mit sogenannten **Reaktionsgleichungen** beschrieben. Da es sich bei chemischen Reaktionen um Prozesse handelt, steht in der Mitte der Reaktionsgleichung ein Pfeil, der den Vorgang der Veränderung, also der Stoffumwandlung, andeutet. Die miteinander reagierenden Stoffe werden mit ihren Formeln links vom Pfeil aufgelistet, die entstehenden Stoffe rechts. Auf beiden Seiten stehen Pluszeichen zwischen den Formeln, wenn mehr als ein Stoff vorhanden ist. Die Reaktionsgleichungen beschreiben u. a., welche Teilchen (Atome, Moleküle, Ionen) miteinander reagieren und in welcher Anzahl.

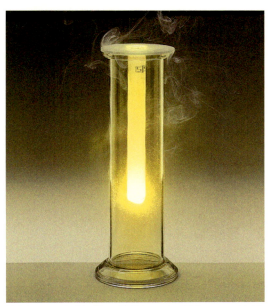

Natrium reagiert heftig mit Chlor unter Bildung von Natriumchlorid.

$$2\,Na + Cl_2 \rightarrow 2\,NaCl$$

Mineralstoffe ist der Sammelname für eine große Gruppe von chemisch einfach zusammen gesetzten Stoffen, die von Pflanzen, Tieren oder Menschen bei der Ernährung aufgenommen werden müssen, da sie grundsätzlich von den Lebewesen nicht selbst hergestellt werden können. Die Pflanzen unterscheiden sich dabei von den Tieren und Menschen dadurch, dass sie alle anderen, viel komplizierteren Stoffe, wie Proteine, Kohlenhydrate, Fette, selbst herstellen, während die Tiere und Menschen auch diese bzw. ihre Grundbausteine wie z. B. die Aminosäuren mit der Nahrung aufnehmen müssen.
Bei den Verwitterungsprozessen (Boden) entstehen zunächst große und kleine Steine, die im Laufe der Zeit zu immer kleineren Steinchen und Kristallen zerfallen. Viele dieser Mineralien sind im Wasser löslich, so dass die Pflanzen sie dann mit ihren Wurzelhaaren aufnehmen können.

Im Boden sind die Mineralstoffe in der Regel in mikroskopisch kleinen Kristallen vorhanden. Diese bilden sich, wenn die im Wasser gelösten Mineralstoffe, die in der Chemie auch **Salze** heißen, auskristallisieren, weil das Wasser verdunstet. Entstehen bei diesen Prozessen größere Kristalle, spricht man von **Mineralien**. Etwa 40 dieser über 3000 bekannten Mineralien bilden die Erdkruste, die äußerste Schicht unseres Planeten. D. h. also alle Felsen und Gesteine sind eigentlich Mineralien.
In der Mineralogie werden die Mineralien nach ihrer chemischen Zusammensetzung in Klassen eingeteilt. Die Elemente bilden die Klasse 1, die Sulfide (Klasse 2), Halogenide (Klasse 3) Oxide und Hydroxide (Klasse 4), die Carbonate, Nitrate und Borate (Klasse 5). Auch Erdöl und Kohle, obwohl sie streng genommen keine Mineralien sind, bilden eine Klasse. Die hier auftauchenden chemischen Namen sind die Bezeichnungen für einzelne Stoffgruppen aus dem großen Bereich der Salze. Diese unterscheiden sich von allen anderen Stoffen dadurch, dass sie erst bei hohen Schmelztemperaturen flüssig werden und im festen Zustand Kristalle bilden, die den elektrischen Strom nicht leiten. Alle Salze lösen sich mehr oder weniger gut in Wasser. Die entstehenden Lösungen leiten dann den elektrischen Strom. Die in den Lösungen vorhandene elektrische Leitfähigkeit entsteht dadurch, dass alle Salze aus elektrisch geladenen Teilchen aufgebaut sind. Diese so genannten **Ionen** sind „geladene Atome oder Moleküle". Die Anionen sind immer negativ, die Kationen immer positiv geladen.

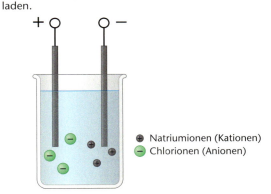

▶ Schädlingsbekämpfungsmittel

Sie werden auch Pflanzenschutzmittel genannt und sind Stoffe oder Stoffgemische, die eingesetzt werden, um Nutz- und Kulturpflanzen gegen andere Pflanzen, Insekten, Pilze oder andere Krankheitserreger zu schützen. Werden sie gegen andere Pflanzen eingesetzt, die mit den Kulturpflanzen um den gleichen Platz konkurrieren, so genannte Unkräuter, heißen sie **Herbizide** (von Herba = Kraut). Werden sie gegen Insekten eingesetzt, heißen sie **Insektizide**.
Bei der Bekämpfung von Pilzen (Funges) spricht man von **Fungiziden** und bei Bakterien von **Bakteriziden**.
Solche Mittel werden weltweit immer öfter und in großen Mengen eingesetzt, weil viele Kulturpflanzen in Monokulturen angebaut werden, die die Ausbreitung von Schädlingen stark erleichtern. Außerdem erlaubt die Welternährungslage keine Missernten, weil die Bevölkerung der Erde immer weiter wächst und zur Zeit schon viele Menschen nicht ausreichend ernährt sind.
Die wichtigsten Anwendungen sind der Schutz von Getreide, Zuckerrüben, Soja und Mais. Die dafür eingesetzten Stoffe können den Tod oder die Unfruchtbarkeit eines Schädlings (z. B. durch Insektenhormone) bewirken.
Da ein Großteil der Pflanzenschutzmittel Gifte sind, unterliegt ihre Anwendung strengen gesetzlichen Vorschriften, in Deutschland z. B. dem Pflanzen-

schutzgesetz. Vor einer Ausbringung muss ihre Wirkung auf Mensch und Umwelt in aufwändigen toxikologischen Untersuchungen ermittelt werden. Der ADI-Wert (acceptable daily intake) bezeichnet hierbei die für den Menschen als unbedenklich eingestuften Rückstandsmengen in Lebensmitteln. Geprüfte und zugelassene Pflanzenschutzmittel sind mit Zulassungsnummer und -zeichen versehen. Die regelmäßige Anwendung dieser Mittel ist bis heute umstritten. Die Gefahren, die von einer immer weitergehenden Verbreitung dieser Mittel in der Natur ausgehen, können teilweise nur abgeschätzt werden. In der ökologischen Landwirtschaft ist die Benutzung dieser Mittel daher verboten. Zum Einsatz kommen dort Verfahren zur Schädlingsbekämpfung, die sich weitgehend der natürlichen Verhältnisse (z. B. der Kreisläufe des Fressens und Gefressenwerdens) bedienen.

▶ wissenschaftliches Arbeiten

Bevor man ein Experiment plant und durchführt, muss man sich überlegen, ob ein Problem oder eine Fragestellung überhaupt dem Bereich der Naturwissenschaften zuzuordnen ist. Lässt sich diese Frage nicht von Anfang an klären, dann muss sie später ernsthaft noch einmal gestellt und auch beantwortet werden.

Wenn geklärt ist, dass ein Problem sinnvoll mit naturwissenschaftlichen Mitteln bearbeitet werden kann, dann müssen Beobachtungen und Informationen zur Fragestellung gesucht, gesammelt und geordnet werden. Wissenschaft besteht zu einem großen Teil aus geordneten Informationen, die bereits früher zusammengetragen worden sind. Als Quellen stehen zur Verfügung: Schulbücher, Fach- und Sachbücher in Bibliotheken, Fachzeitschriften und das Internet. Unabhängig von der Herkunft einer Information, muss möglichst ihre Glaubwürdigkeit geprüft werden. Das kann durch Vergleich mit anderen Quellen erfolgen; ein Hinweis auf Glaubwürdigkeit ist auch die Angabe, wie eine Information gewonnen wurde bzw. wer sie gewonnen hat und ob die Aussagen nachvollziehbar sind.

Hat man Informationen gesammelt und die ersten Beobachtungen geordnet, dann kann man Vermutungen aufstellen, wie bestimmte Merkmale zusammenhängen. In der Wissenschaft bezeichnet man eine begründete Vermutung als **Hypothese**. Eine einfache Hypothese könnte z. B. lauten: Pflanzen brauchen Wasser zum Wachsen. Hypothesen können Zusammenhänge im Sinne von „wenn … dann" aber auch von „je … desto" beschreiben, z. B. je mehr Salz ich in einer bestimmten Menge Wasser löse, desto größer wird das spezifische Gewicht der Lösung, oder: je mehr Dünger ich ins Blumenwasser gebe, desto besser wachsen die Geranien.

Aufgestellte Hypothesen müssen überprüft werden. Meistens kann man die Methode zur Prüfung direkt aus der Hypothese ableiten. Oft lässt sich feststellen, dass gesetzmäßige Zusammenhänge nur innerhalb eines bestimmten Bereiches gelten: wird zu viel Salz ins Wasser gegeben, dann löst es sich nicht mehr, zu viel Dünger lässt Pflanzen absterben.

Zur Überprüfung von „wenn-dann"-Beziehungen konstruiert man am sinnvollsten **Ausschlussexperimente**. Will man z. B. herausfinden, welche Faktoren zum Keimen von Kresse unbedingt notwendig sind, dann lässt man bei jedem Versuch nacheinander je einen Faktor weg, also etwa Wasser, Licht, Erde, Wärme, Luft. Wurden die notwendigen Faktoren bestimmt, dann kann das Ergebnis in einem weiteren Versuch kontrolliert werden.

Check-Liste
– Sammeln und ordnen
– Hypothesen bilden
– Gesetzmäßigkeiten überprüfen
– Versuche planen
– Versuche durchführen
– Daten erheben (Messungen durchführen), Beobachten, Beschreiben, Vergleichen
– Auswerten unter Verwendung von Fachsprache, Diagrammen, Tabellen, Gleichungen, Graphiken, Funktionen, Texten
– Ergebnisse dokumentieren und systematisieren
– Ergebnisse reflektieren und diskutieren
– Gewonnene Erkenntnisse bewerten

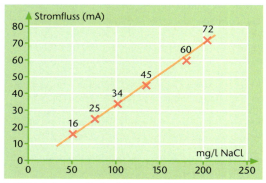

Leitfähigkeit einer Kochsalzlösung – Eichkurve

Für „Jedesto"-Beziehungen führt man meistens **Versuchsreihen** durch, bei denen man einen Parameter systematisch verändert. Als Parameter wird jede Größe bezeichnet, die gezielt beeinflusst werden kann, z. B. die Temperatur, ein angehängtes Gewicht, eine Konzentration usw. In vielen Fällen lässt sich eine Größe aber nur indirekt messen, z. B. indem man sie mit bekannten Werten vergleicht. Dazu wird z. B. eine **Eichkurve** aufgestellt, die den gesamten erwarteten Messbereich abdeckt.

Oft ist es notwendig, ein Kontrollexperiment bzw. eine Blindprobe (Nachweismethoden) durchzuführen. Mit einer **Blindprobe** wird getestet, ob ein bestimmter Effekt z. B. nicht deswegen auftritt, weil die verwendeten Chemikalien verunreinigt sind. Wenn z. B. Wasserproben mit einer Silbernitratlösung auf das Vorhandensein von Chlorid getestet werden sollen, muss unbedingt das verwendete Wasser als Blindprobe mit untersucht werden; hier darf sich dann kein Niederschlag von Silberchlorid bilden, noch nicht einmal eine Trübung.

Beim Keimen der Kresse wäre das **Kontrollexperiment** dasjenige, bei dem alle Faktoren, von denen man glaubt, dass sie zum Keimen wichtig sind, vorhanden sind.

Damit man Versuche bzw. Experimente unter eindeutigen Bedingungen durchführen kann, muss ein genauer Versuchsplan aufgestellt werden. Dabei wird nicht nur das Vorgehen in zeitlicher Reihenfolge beschrieben, sondern auch, unter welchen sonstigen Bedingungen man arbeitet, z. B. bei Zimmertemperatur, bei Kunstlicht oder Tageslicht, welche Materialien und Geräte verwendet werden, wenn das Versuchsergebnis abgelesen wird und wie und wann der Versuch beendet ist. Ein Versuchsplan muss so eindeutig verfasst sein, dass das betreffende Experiment von jeder anderen Person und an jedem anderen Ort wiederholt werden kann.

Bei **Langzeitexperimenten**, bei denen sich erwartende Veränderungen erst nach Tagen oder Wochen einstellen, ist es besonders wichtig, dass eine Kontrolle der Versuchsbedingungen durchgeführt werden kann; wie diese aussieht muss auch im Versuchsplan festgelegt werden.

Bei der Versuchsdurchführung ist darauf zu achten, dass alle Bedingungen des Versuchsplan eingehalten werden. Abweichungen müssen notiert werden, weil sie das Ergebnis verfälschen können, so dass ein Versuch wiederholt werden muss. Bevor man ein Experiment oder eine Versuchsreihe beginnt, überlegt man sich, in welcher Weise die Ergebnisse protokolliert werden können. Messwerte können z. B. in eine Tabelle eingetragen werden. Wenn es sich um Beobachtungen handelt, dann macht man sich klar, was unbedingt beschrieben werden muss und was nicht. Die aufgestellten Hypothesen helfen bei dieser Entscheidung.

Anschließend werden die Daten ausgewertet. Aus einer Tabelle kann z. B. ein Graph hergestellt werden, Beobachtungen können geordnet werden. Manchmal ergeben sich einfache mathematische Beziehungen, wie im Fall von gelöstem Zucker und seinem Einfluss auf die Dichte der Flüssigkeit. Oft stimmen die berechneten Werte aber nicht genau mit der Vorhersage aus der aufgestellten Hypothese überein, sodass man eine Fehlerbetrachtung machen muss.

Wertetabelle:
Längenwachstum von Bohnen
Das beobachtete Wachstum von Bohnenpflanzen wird in eine Wertetabelle eingetragen:

Tag	Länge in cm
1	0
4	0
6	1
8	8
10	12
12	32

▶ Zeitalter

Altsteinzeit
Die Steinzeit ist die älteste und längste Epoche der Menschheitsgeschichte. Sie begann mit der ersten Produktion von Steinwerkzeugen vor circa 2,5 Millionen Jahren und dauerte bis zum ersten Gebrauch von Metall zwischen etwa 4000 und 2000 vor unserer Zeitrechnung (v. u. Z.).

Antike
Die Antike ist die geschichtliche und kunstgeschichtliche Epochenbezeichnung für das griechisch-römische Altertum in der Zeitspanne vom Beginn des griechischen Mittelalters (um 1100 v. u. Z.) bis zum Untergang des Römischen Kaiserreichs (476). Oft wird mit dem Begriff der Antike die Vorstellung einer kulturell führenden Stellung des Abendlandes verbunden. Tatsächlich wurden im Vorderen Orient kulturelle Höchstleistungen erbracht, lange bevor in Griechenland die ersten Anfänge in Kunst, Kultur und Wissenschaft unternommen wurden.

Mittelalter
Das Mittelalter ist in der europäischen Geschichte die Bezeichnung für die Epoche zwischen Antike und Neuzeit, die in etwa von der Völkerwanderung im 4. bis 6. Jahrhundert bis zur Reformation im beginnenden 16. Jahrhundert reicht.
Wir sind vielfach bis heute der (irrigen) Auffassung, dass diese „dunkle" Epoche durch einen Verfall von Kultur und Bildung gekennzeichnet war und sich dadurch deutlich von der kulturellen Blütezeit der Antike einerseits und der Wiedergeburt der antiken Traditionen in der Renaissance andererseits absetzt. Der negative Beiklang des Begriffs „Mittelalter" verstärkte sich noch ab dem 17. Jahrhundert, vor allem aber während der Aufklärung.

Kolonialzeit
Anfang des 16. Jahrhunderts setzte die erste große Einwanderungswelle von Europa nach Nordamerika ein. Die Auswanderung aus England erfolgte dabei oft nicht mithilfe der Regierung, sondern sie wurde von Privatpersonen organisiert, die vor allem an Profit interessiert waren. Die erste englische Niederlassung wurde 1607 in Jamestown, Virginia, gegründet. Weitere Siedlungen entstanden in Neuengland, in den mittleren und in den südlichen Kolonien (Handel).
Die kolonialen Erwerbungen in anderen Regionen der Erde durch die Europäer im 19. Jahrhundert hatten nicht diesen Siedlungswillen zum Antrieb, sondern konkurrierende imperialistische Kolonialpolitik. Der Besitz von Kolonien sollte jetzt der „Weltgeltung" und der Ausbeutung der Ressourcen dienen. Das Ende der Kolonialzeit zeichnete sich nach dem zweiten Weltkrieg ab. Zum Teil führten blutige Unabhängigkeitskämpfe dazu, dass z. B. in Afrika mit Beginn der 60er-Jahre des letzten Jahrhunderts die Kolonien ihre Unabhängigkeit erreichten und selbständige Staaten gegründet wurden.

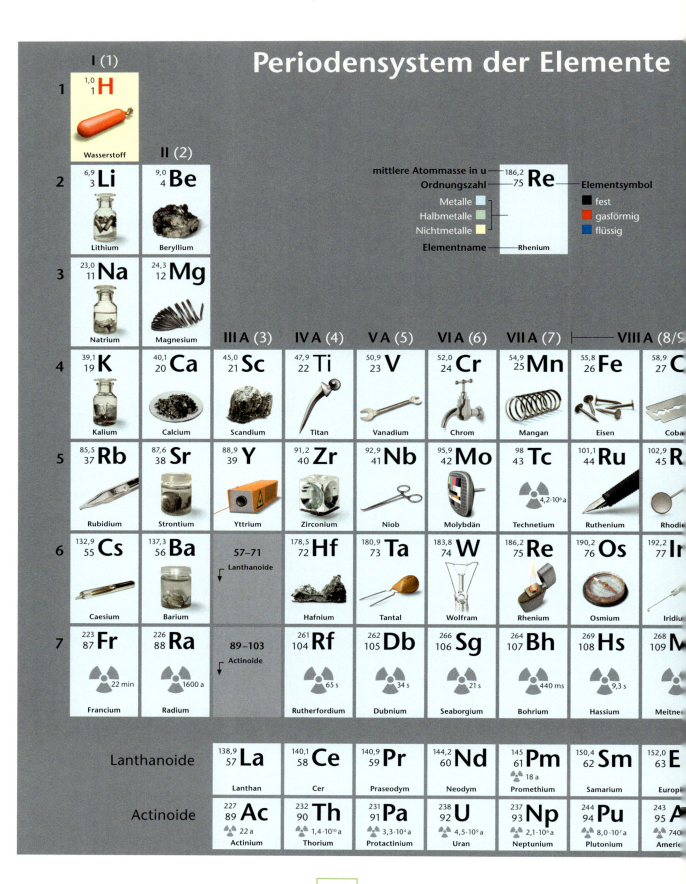

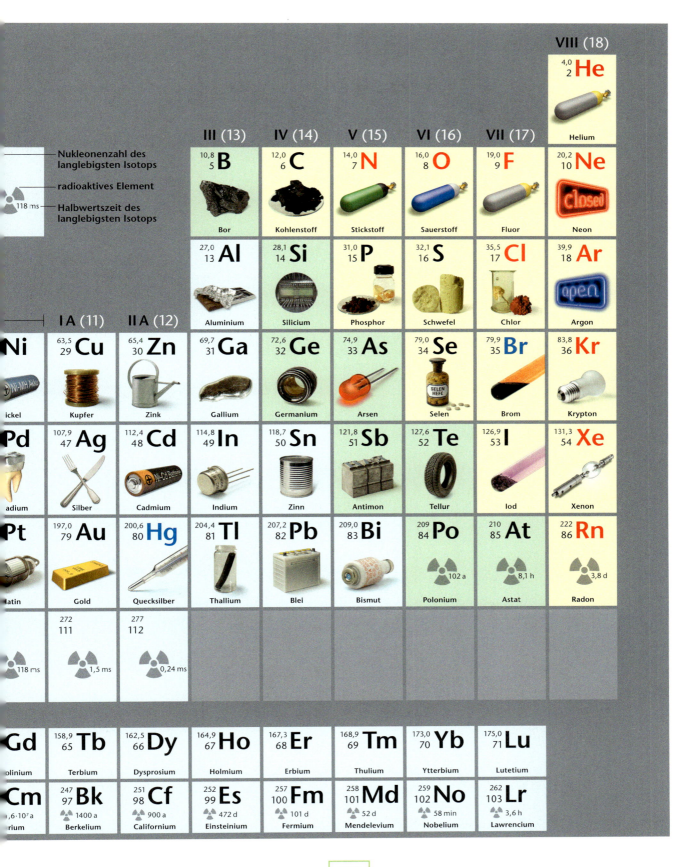

Liste der Gefahrstoffe, die im Versuchsteil dieses Buches vorkommen:

Spalte 2: Die Kennbuchstaben sind den Gefahrensymbolen auf der nächsten Seite zugeordnet. **Spalte 3:** Gefahrenhinweise (R-Sätze, r = risk). Es sind die Nummern der R-Sätze angegeben. Sie sind durch einen Bindestrich getrennt; sind sie mit einem Schrägstrich versehen, handelt es sich um eine Kombination von R-Sätzen. **Spalte 4:** Sicherheitsratschläge (S-Sätze, s = security). Es sind die Nummern der S-Sätze angegeben. Sie sind durch einen Bindestrich getrennt; sind sie mit einem Schrägstrich versehen, handelt es sich um eine Kombination von S-Sätzen. **Spalte 5:** MAK-Wert. Es wird die maximale Arbeitsplatzkonzentration nach der MAK-Liste der Deutschen Forschungsgemeinschaft (DFG) angegeben. F = Feinstaub, G = Gesamtstaub. Aus der Nichterwähnung eines Stoffes darf nicht auf seine Unbedenklichkeit geschlossen werden. Vielmehr ist mit Chemikalien grundsätzlich besonnen umzugehen.

Bezeichnung des Stoffes	Kennbuchstabe des Gefahrensymbols	Gefahrenhinweise (R-Sätze)	Sicherheitsratschläge (S-Sätze)	MAK-Wert mg/m^3
Ammoniumchlorid	Xn	22-36	2-22	
Brennspiritus s. Ethanol				
Calciumhydroxid	Xi	41	2-22-24-26-39	5 G
Chlorzinkjodlösung	C, N	34-50/53	1/2-7/8-28. 1-45-6	
Cobaltchlorid	Xn	22-43	2-24-37	
Eisen(III)-chlorid	Xn	22-38-41	1/2-26-39	
Eisen(III)-nitrat	X, O	8-36/38	(2)-26	
Essigsäureethylester	F	11	2-16-23-29-33	1400
Ethanol	F	11	2-7-16	1900
Jodkaliumjodidlsg. (Lugolsche Lsg.)	-	-	-	
Kalkwasser, gesättigt	Xi	41	2-24/25-26-39	
Kupfer(II)-sulfat	Xn	22-36/38	2-22	1
Magnesiumpulver (phlegmatisiert)	F	11-15	2-7/8-43	
Magnesiumspäne	F	11-15	2-7/8-43	

Mangan(IV)-oxid (Mangandioxid)	Xn	20/22	2-25	0,5 G
Natriumnitrit	O, T, N	8-25-50	(1/2)-45-61	
Natronlauge, 5% und größer	C	35	1/2-26-37/39-45	2
Petroleumbenzine Siedebereich ca. 40-60 °C	F	11	9-16-29-33	
Petroleumbenzine Siedebereich ca. 100-140 °C	F	11	9-16-29-33	
Wasserstoffperoxidlösung 5% bis unter 20%	Xi	36/38	1/2-3-28-36/39-45	1,4

Gefahrstoffsymbole

Gefährliche Stoffe müssen mit einem Gefahrensymbol versehen werden.

Symbol	Gefahren-bezeich-nung	Kenn-buch-stabe	Gefährlichkeitsmerkmale
	Sehr giftig	T+	Dieser Stoff verursacht äußerst schwere Gesundheitsschäden, schon weniger als 25 mg pro kg Körpergewicht können bei Einnahme zum Tod führen.
	Giftig	T	Der Stoff kann erhebliche Gesundheitsschäden verursachen, 25 bis 200 mg pro kg Körpergewicht können zum Tod führen.
	Krebs erzeugend		Dieser Stoff kann bei Lebewesen die Entwicklung von Krebs auslösen.
	Erbgut verändernd		Dieser Stoff kann das Erbgut von Lebewesen schädigen.
	Reproduktions-toxisch		Dieser Stoff kann die Fortpflanzung von Lebewesen beeinträchtigen.
	Gesund-heits-schädlich	Xn	Dieser Stoff ist gesundheitsschädlich. 200 bis 2000 mg pro kg Körpergewicht können tödlich sein.

Symbol	Gefahren-bezeich-nung	Kenn-buch-stabe	Gefährlichkeitsmerkmale
	Reizend	Xi	Dieser Stoff hat Reizwirkung auf Haut und Schleimhäute, er kann Entzündungen auslösen.
	Ätzend	C	Der Stoff kann lebendes Gewebe zerstören.
	Explosions-gefährlich	E	Dieser Stoff kann unter bestimmten Bedingungen explodieren.
	Brand-fördernd	O	Dieser Stoff ist brandfördernd, er reagiert mit brennbaren Stoffen.
	Hoch ent-zündlich	F+	Dieser Stoff ist selbst entzündlich, er kann bereits bei Temperaturen unter 0 °C entflamen.
	Leicht ent-zündlich	F	Dieser Stoff ist leicht entzündlich, er kann bei Temperaturen unter 21 °C entflamen. Oder: Dieser Stoff bildet explosionsfähige Gemische mit Luft. Oder: Dieser Stoff bildet, mit Wasser zusammengebracht, brennbare Gase.
	Umwelt-gefährlich	N	Dieser Stoff kann längerfristig schädliche Wirkungen auf die Umwelt haben. Er ist schädlich in Gewässern, Boden oder Luft und (sehr) giftig für Organismen.

Gefahrenhinweise: R-Sätze

R 1	In trockenem Zustand explosionsgefährlich.
R 2	Durch Schlag, Reibung, Feuer oder andere Zündquellen explosionsgefährlich.
R 3	Durch Schlag, Reibung, Feuer oder andere Zündquellen besonders explosionsgefährlich.
R 4	Bildet hochempfindliche explosionsgefährliche Metallverbindungen.
R 5	Beim Erwärmen explosionsfähig.
R 6	Mit und ohne Luft explosionsfähig.
R 7	Kann Brand verursachen.
R 8	Feuergefahr bei Berührung mit brennbaren Stoffen.
R 9	Explosionsgefahr bei Mischung mit brennbaren Stoffen.
R 10	Entzündlich.
R 11	Leicht entzündlich.
R 12	Hochentzündlich.
R 14	Reagiert heftig mit Wasser.
R 15	Reagiert mit Wasser unter Bildung hochentzündlicher Gase.
R 16	Explosionsgefährlich in Mischung mit brandfördernden Stoffen.
R 17	Selbstentzündlich an der Luft.
R 18	Bei Gebrauch Bildung explosionsfähiger/leicht entzündlicher Dampf/Luftgemische möglich.
R 19	Kann explosionsfähige Peroxide bilden.
R 20	Gesundheitsschädlich beim Einatmen.
R 21	Gesundheitsschädlich bei Berührung mit der Haut.
R 22	Gesundheitsschädlich beim Verschlucken.
R 23	Giftig beim Einatmen.
R 24	Giftig bei Berührung mit der Haut.
R 25	Giftig beim Verschlucken.
R 26	Sehr giftig beim Einatmen.
R 27	Sehr giftig bei Berührung mit der Haut.
R 28	Sehr giftig beim Verschlucken.
R 29	Entwickelt bei Berührung mit Wasser giftige Gase.
R 30	Kann bei Gebrauch leicht entzündlich werden.
R 31	Entwickelt bei Berührung mit Säure giftige Gase.
R 32	Entwickelt bei Berührung mit Säure sehr giftige Gase.
R 33	Gefahr kumulativer Wirkungen.
R 34	Verursacht Verätzungen.
R 35	Verursacht schwere Verätzungen.
R 36	Reizt die Augen.
R 37	Reizt die Atmungsorgane.
R 38	Reizt die Haut.
R 39	Ernste Gefahr irreversiblen Schadens.
R 40	Irreversibler Schaden möglich.
R 41	Gefahr ernster Augenschäden.
R 42	Sensibilisierung durch Einatmen möglich.
R 43	Sensibilisierung durch Hautkontakt möglich.
R 44	Explosionsgefahr bei Erhitzen unter Einschluss.
R 45	Kann Krebs erzeugen.
R 46	Kann vererbbare Schäden verursachen.
R 48	Gefahr ernster Gesundheitsschäden bei längerer Exposition.
R 49	Kann Krebs erzeugen beim Einatmen.
R 50	Sehr giftig für Wasserorganismen.
R 51	Giftig für Wasserorganismen.
R 52	Schädlich für Wasserorganismen.
R 53	Kann in Gewässern längerfristig schädliche Wirkung haben.
R 54	Giftig für Pflanzen.
R 55	Giftig für Tiere.
R 56	Giftig für Bodenorganismen.
R 57	Giftig für Bienen.
R 58	Kann längerfristig schädliche Wirkungen auf die Umwelt haben.
R 59	Gefährlich für die Ozonschicht.
R 60	Kann die Fortpflanzungsfähigkeit beeinträchtigen.
R 61	Kann das Kind im Mutterleib schädigen.
R 62	Kann möglicherweise die Fortpflanzungsfähigkeit beeinträchtigen.
R 63	Kann das Kind im Mutterleib möglicherweise schädigen.
R 64	Kann Säuglinge über die Muttermilch schädigen.
R 65	Gesundheitsschädlich: Kann beim Verschlucken Lungenschäden verursachen.
R 66	Wiederholter Kontakt kann zu spröder und rissiger Haut führen.
R 67	Dämpfe können Schläfrigkeit und Benommenheit verursachen.

Beispielhafte Kombination der R-Sätze (Auszug)

R 14/15	Reagiert heftig mit Wasser unter der Bildung leicht entzündlicher Gase.
R 15/29	Reagiert mit Wasser unter Bildung giftiger und leicht entzündlicher Gase.
R 20/21	Gesundheitsschädlich beim Einatmen und bei Berührung mit der Haut.
R 20/22	Gesundheitsschädlich beim Einatmen und Verschlucken.
R 20/21/22	Gesundheitsschädlich beim Einatmen, Verschlucken und Berührung mit der Haut.
R 21/22	Gesundheitsschädlich bei Berührung mit der Haut und beim Verschlucken.
R 23/24/25	Giftig beim Einatmen, Verschlucken und bei Berührung mit der Haut.
R 26/27/28	Sehr giftig beim Einatmen, Verschlucken und bei Berührung mit der Haut.
R 36/37/38	Reizt die Augen, Atmungsorgane u. die Haut.
R 39/23	Giftig: ernste Gefahr irreversiblen Schadens durch Einatmen.
R 39/24	Giftig: ernste Gefahr irreversiblen Schadens bei Berührung mit der Haut.
R 39/25	Giftig: ernste Gefahr irreversiblen Schadens durch Verschlucken.
R 39/23/24	Giftig: ernste Gefahr irreversiblen Schadens durch Eintamen und Berührung mit der Haut.
R 39/23/25	Giftig: ernste Gefahr irreversiblen Schadens durch Einatmen und durch Verschlucken.
R 39/24/25	Giftig: ernste Gefahr irreversiblen Schadens bei Berührung mit der Haut und durch Verschlucken.
R 39/23/24/25	Giftig: ernste Gefahr irreversiblen Schadens durch Einatmen, bei Berührung mit der Haut und durch Verschlucken.
R 39/26/27	Sehr giftig: ernste Gefahr irreversiblen Schadens durch Einatmen und bei Berührung mit der Haut.
R 39/27/28	Sehr giftig: ernste Gefahr irreversiblen Schadens bei Berührung mit der Haut und durch Verschlucken.
R 39/26/27/28	Sehr giftig: ernste Gefahr irreversiblen Schadens durch Einatmen, bei Berührung mit der Haut und durch Verschlucken.
R 40/22	Gesundheitsschädlich: Möglichkeit irreversiblen Schadens durch Verschlucken.
R 40/20/21	Gesundheitsschädlich: Möglichkeit irreversiblen Schadens durch Einatmen und bei Berührung mit der Haut.

Sicherheitshinweise: S-Sätze

S 1	Unter Verschluss aufbewahren.
S 2	Darf nicht in die Hände von Kindern gelangen.
S 3	Kühl aufbewahren.
S 4	Von Wohnplätzen fernhalten.
S 5	Unter ... aufbewahren (geeignete Flüssigkeit vom Hersteller anzugeben).
S 6	Unter ... aufbewahren (inertes Gas vom Hersteller anzugeben).
S 7	Behälter dicht geschlossen halten.
S 8	Behälter trocken halten.
S 9	Behälter an einem gut gelüfteten Ort aufbewahren.
S 12	Behälter nicht gasdicht verschließen.
S 13	Von Nahrungsmitteln, Getränken und Futtermitteln fern halten.
S 14	Von ... fern halten (inkompatible Substanzen vom Hersteller anzugeben).
S 15	Vor Hitze schützen.
S 16	Von Zündquellen fern halten – nicht rauchen.
S 17	Von brennbaren Stoffen fern halten.
S 18	Behälter mit Vorsicht öffnen und handhaben.
S 20	Bei der Arbeit nicht essen und trinken.
S 21	Bei der Arbeit nicht rauchen.
S 22	Staub nicht einatmen.
S 23	Gas/Rauch/Dampf/Aerosol nicht einatmen (geeignete Bezeichnung[en] vom Hersteller anzugeben).
S 24	Berührung mit der Haut vermeiden.
S 25	Berührung mit den Augen vermeiden.
S 26	Bei Berührung mit den Augen gründlich mit Wasser abspülen und Arzt konsultieren.
S 27	Beschmutzte, getränkte Kleidung sofort ausziehen.
S 28	Bei Berührung mit der Haut sofort abwaschen mit viel ... (vom Hersteller anzugeben).
S 29	Nicht in die Kanalisation gelangen lassen.
S 30	Niemals Wasser hinzugießen.
S 33	Maßnahmen gegen elektrostatische Aufladung treffen.
S 35	Abfälle und Behälter müssen in gesicherter Weise beseitigt werden.
S 36	Bei der Arbeit geeignete Schutzkleidung tragen.
S 37	Geeignete Schutzhandschuhe tragen.
S 38	Bei unzureichender Belüftung Atemschutzgerät anlegen.
S 39	Schutzbrille/Gesichtsschutz tragen.
S 40	Fußboden und verunreinigte Gegenstände mit ... reinigen (vom Hersteller anzugeben).
S 41	Explosions- und Brandgase nicht einatmen.
S 42	Beim Räuchern/Versprühen geeignetes Atemschutzgerät anlegen (geeignete Bezeichnung[en] vom Hersteller anzugeben).
S 43	Zum Löschen ... (vom Hersteller anzugeben) verwenden (wenn Wasser die Gefahr erhöht, anfügen: „Kein Wasser verwenden").
S 44	Bei Unwohlsein ärztlichen Rat einholen (wenn möglich, dieses Etikett vorzeigen).
S 45	Bei Unfällen oder Unwohlsein sofort Arzt zuziehen (wenn möglich, dieses Etikett vorzeigen).
S 46	Bei Verschlucken sofort ärztlichen Rat einholen und Verpackung oder Etikett vorzeigen.
S 47	Nicht bei Temperaturen über ... °C aufbewahren (vom Hersteller anzugeben).
S 48	Feucht halten mit ... (geeignetes Mittel vom Hersteller anzugeben).
S 49	Nur im Originalbehälter aufbewahren.
S 50	Nicht mischen mit ... (vom Hersteller anzugeben).
S 51	Nur in gut belüfteten Bereichen verwenden.
S 52	Nicht großflächig für Wohn- und Aufenthaltsräume zu verwenden.
S 53	Exposition vermeiden. Vor Gebrauch besondere Anweisung einholen.
S 56	Diesen Stoff und seinen Behälter der Problemabfallentsorgung zuführen.
S 57	Zur Vermeidung einer Kontamination der Umwelt geeigneten Behälter verwenden.
S 59	Informationen zur Wiederverwendung/Wiederverwertung beim Hersteller/Lieferanten erfragen.
S 60	Dieser Stoff und/oder sein Behälter sind als gefährlicher Abfall zu entsorgen.
S 61	Freisetzung in die Umwelt vermeiden. Besondere Anweisungen einholen/Sicherheitsdatenblatt zu Rate ziehen.
S 62	Bei Verschlucken kein Erbrechen herbeiführen. Sofort ärztlichen Rat einholen und Verpackung oder dieses Etikett vorzeigen.
S 63	Bei Unfall durch Einatmen: Verunfallten an die frische Luft bringen und ruhig stellen.
S 64	Bei Verschlucken Mund mit Wasser ausspülen (nur wenn Verunfallter bei Bewusstsein ist).

Beispielhafte Kombination der S-Sätze (Auszug)

S 1/2	Unter Verschluss und für Kinder unzugänglich aufbewahren.
S 3/7/9	Behälter dicht geschlossen halten und an einem kühlen, gut gelüfteten Ort aufbewahren.
S 3/9	Behälter an einem kühlen, gut gelüfteten Ort aufbewahren.
S 3/14	An einem kühlen Ort entfernt von ... aufbewahren (die Stoffe, mit denen Kontakt vermieden werden muss, sind vom Hersteller anzugeben).
S 3/9/14	An einem kühlen, gut gelüfteten Ort, entfernt von ... aufbewahren (die Stoffe, mit denen Kontakt vermieden werden muss, sind vom Hersteller anzugeben).
S 3/9/49	Nur im Originalbehälter an einem kühlen, gut gelüfteten Ort aufbewahren.
S 3/9/14/49	Nur im Originalbehälter an einem kühlen, gut gelüfteten Ort, entfernt von ... aufbewahren (die Stoffe, mit denen Kontakt vermieden werden muss, sind vom Hersteller anzugeben).
S 7/8	Behälter trocken und dicht geschlossen halten.
S 7/9	Behälter dicht geschlossen an einem gut gelüfteten Ort aufbewahren.
S 20/21	Bei der Arbeit nicht essen, trinken, rauchen.
S 24/25	Berührung mit den Augen und der Haut vermeiden.
S 36/37	Bei der Arbeit geeignete Schutzhandschuhe und Schutzkleidung tragen.
S 37/39	Bei der Arbeit geeignete Schutzhandschuhe und Schutzbrille/Gesichtsschutz tragen.
S 36/37/39	Bei der Arbeit geeignete Schutzkleidung, Schutzhandschuhe und Schutzbrille/Gesichtsschutz tragen.

Register

A
Altsteinzeit 77
Antike 77
Ausbeutung 64
Ausschlussexperimente 76

B
Bakterizide 75
Ballaststoffe 62
Betriebe 60
Biodiesel 58
Biologische Haltung 64
Bio-Siegel 69
Blindprobe 76
Boden 14, 15, 16, 17, 50
Bodenarten 51
Bodenbestandteile 50
Bodenentstehung 50
Bodenhaltung 64
Body-Check 63
Bromthymolblau 72

C
Check-Liste 76
Chemische Konservierung 65
chemische Reaktion 74
CO_2-Kreislauf 33, 52
Code-Nummer 64
Curry 67

D
Dichtevergleich 72
Disaccharide 73
Doppelzucker 73
Düngemitteleinsatz 59
Dünger 17, 30, 38, 39, 54

E
Eichkurve 76
Einfachzucker 73
Eiweiß 73
Eiweißnachweis 71
Emulsion 66
Energie 22, 28, 29, 30, 56
Energieeinsatz 30, 31, 40, 58
Energieträger 56
Energieumsatz 57
Entwicklung landwirtschaftlicher Betriebe 30, 39, 59
Ergänzungsstoffe 22, 24, 44, 61
Ernährungsbericht 63
Ernährungsverhalten 20, 22, 23, 62
Esskultur 62
Essstörungen 63

F
Fairer Handel 65
Fehlingprobe 69
Fertigplatten 72
Fette 73
Fettnachweis 70
Flaschengarten 12, 63
Fossile Brennstoffe 58
Freilandhaltung 64
Frittieren 65
Fungizide 75

G
GEPA 65
Grundnahrungsmittel 73
Grundumsatz 57

H
Haber-Bosch-Verfahren 55
Haltungsformen 21, 36, 37, 64
Handel 25, 64
Herbizide 75
Hypothese 76

I
Insektizide 75
Intensivhaltung 64
Ionen 75

K
Käfighaltung 64
Kalkwasserherstellung 71
Kalorientabelle 57
Kalorimeter 58
Kohlenhydrate 73
Kohlenstoffdioxidnachweis 71
Kolonialzeit 77
Kolonien 64
Konservierungsmethoden 65
Kontrollexperiment 77
Korngröße 51

L
Langzeitexperiment 77
Lebensmittelbearbeitung 45, 47, 48, 49, 65
Lebensmittelfarbstoff 66
Lebensmittelkennzeichnungsgesetz 67
Leistungsumsatz 57
Liebig'sches Minimumgesetz 55

M
McDonaldisierung 69
Mehrfachzucker 73
Mineralien 75
Mineralischer Dünger 55
Mineralstoffe 75

Mittelalter **77**
Modifizierte Stärke **66**
Monosaccharide **73**

N
Nachhaltigkeit 21, 24, 25, 30, 31, 36, 40, **68**
Nachweismethoden 16, 17, 32, 33, 44, 45, 46, 49, **69**
Nährstoffe 22, 44, 46, **73**

Ö
Ökobauer **69**
Ökobilanz **68**
Ökologisch anerkannte Produktion **68**
Ökosiegel **68**

O
Organischer Dünger **55**

P
pH-Wert **71**
Physikalische Konservierung **65**
Pökeln **65**
Polysaccharide **73**
Produktlinienanalyse **68**

R
Reaktionsgleichung **74**
Regionaler Einkauf **65**
Rollenspiel 41, **74**

S
Salze 17, **74**
Saurer Regen **51**
Schädlingsbekämpfungsmittel 38, 39, **75**
Schutzstoffe **61**
Stärke **73**
Stärkenachweis **70**
Strukturwandel **60**

T
Tagesbedarf **62**
Tierhaltung **61**
Transfair **65**

U
Universalindikator **72**

V
Verbrennung **57**
Versuchsreihen **76**
Verwitterung **50**
Vitamin C **62**
Vitamine **62**
Volierenhaltung **64**
Volkskrankheiten **62**

W
Weltenergieverbrauch **56**
Welthandel **65**
Wildbeuter **62**
wissenschaftliches Arbeiten 13, 15, 17, 48, 49, **76**
Wurzeln **51**

Z
Zeitalter 20, 25, **77**
Zuckernachweis **69**

Bildquellenverzeichnis

U:Getty Images (stone/Kevin Mackintosh), München; U:Mauritius (Arthur), Mittenwald; U:Mauritius (ACE), Mittenwald; 10.1:Greiner&Meyer (Meyer), Braunschweig; 10.2-5:Schmidtke, Dieter, Schorndorf; 10.6-7: Universität (K. E. Rehfuess), Freising; 11.1: IMAGINE (Horizon/Barley), Hamburg; 12.1: Andreas Riedmiller, Oy-Mittelberg (Oberzollhaus); 12.2: Niehoff, Ulrich,Bienenbüttel; 12.3:Corbis (Despotovic Dusco), Düsseldorf; 12.4: Inge Kronberg, Hohenwestedt; 14.1: Flinkerbusch, Hans, Meckenheim; 14.2: Fahrenhorst, Hartmut, Unna; 16.1: Flinkerbusch, Hans, Meckenheim; 18.1: Ernst Klett Verlag (Ute Kühner), Stuttgart; 18.2-3: Sander, Winfried, Leimbach; 18.4: MEV, Augsburg; 18.5-6: Sander, Winfried, Leimbach; 19.1-3: Sander, Winfried, Leimbach; 20.1: laif (Eisermann), Köln; 20.2: Corbis (Lawrence Manning), Düsseldorf; 21.1: Mauritius, Mittenwald; 21.2: Okapia (Christian Grzimek), Frankfurt; 21.3: Picture-Alliance (dpa-Fotoreport), Frankfurt; 21.4: Corbis (Sygma/Collart Herve), Düsseldorf; 22.1: AKG, Berlin; 22.2: dpa (AFP), Frankfurt; 23.1-2: Sander, Winfried, Leimbach; 24.1: Helga Lade (Rainer Binder), Frankfurt; 24.2: Roer, Wilhelm, Unna; 25.1: TransFair e.V. (Gaby Sommer), Köln; 25.2: TransFair e.V. (Harald Gruber), Köln; 25.2: Projekt Eine Welt in der Schule, Bremen; 26.1: Hofmeister, Anja, Malmsheim; 26.2: MEV, Augsburg; 26.3: Getty Images (Stone/Keith Wood), München; 26.4: Action Press (Hans-Jürgen Jakubeit), Hamburg; 26.5: Corbis (Lester Lefkowitz), Düsseldorf; 26.6: Getty Images PhotoDisc, Hamburg; 26.7: MEV, Augsburg; 28.1: Hofmeister, Anja, Malmsheim; 28.2: Klett-Archiv (Zuckerfabrik Digital), Stuttgart; 28.3: Hofmeister, Anja, Malmsheim; 28.3: Landesvermessungsamt, Bonn; 28.4: Stockfood Photo Stock Agency (Food Photography Eising), München; 29.1: Das Fotoarchiv (Johann Scheibner), Essen; 29.2: Fahrenhorst, Hartmut, Unna; 30.1: Mauritius (Rosenfeld), Mittenwald; 30.2: www.gardenallyear.com,Paso Robles CA. 93446; 30.2: Courtesy Chicago Zoological Society/Brookfield Zoo; 31.1: dpa,Frankfurt; 32.1: MEV, Augsburg; 32.2: Ernst Klett Verlag (Ute Kühner), Stuttgart; 32.3: Fahrenhorst, Hartmut, Unna; 33.1: Helga Lade(D. Kuhn), Frankfurt; 33.2: Mauritius (Mallaun), Stuttgart; 33.4: Okapia (Herbert Schwind), Frankfurt; 33.7: Mauritius (Hackenberg), Stuttgart; 34.1-3: Flinkerbusch, Hans, Meckenheim; 35.1: Flinkerbusch, Hans, Meckenheim; 35.2: Grimme Landmaschinen GmbH & Co. KG, Damme; 36.1: Ernst Klett Verlag (Ute Kühner), Stuttgart; 36.2: Sander, Winfried, Leimbach; 36.3: Okapia (Hans Reinhard), Frankfurt; 36.4: Sander, Winfried, Leimbach; 37.1: Okapia (Christian Grzimek), Frankfurt; 38.1-3: Flinkerbusch, Hans, Meckenheim; 39.1-5: Flinkerbusch, Hans, Meckenheim; 40.1: Sander, Winfried, Leimbach; 40.2: dpa (ZB/Klaus Franke), Frankfurt; 41.1: MEV, Augsburg; 41.2: Flinkerbusch, Hans, Meckenheim; 42.1: Ernst Klett Verlag (Ute Kühner), Stuttgart; 42.2: Stockfood Photo Stock Agency (Bodo A. Schieren), München; 43.1: Mineralbrunnen Überkingen-Teinach K,Bad Überkingen; 43.2: Stockfood Photo Stock Agency (Food Photography Eising), München; 44.1: AKG,Berlin; 44.2:Peter, Elke,Kassel; 44.3: Klett-Archiv, Stuttgart; 45.1: Stockfood Photo Stock Agency (Susie M. Eising), München; 45.2-3: Peter, Elke,Kassel; 45.5: Stockfood Photo Stock Agency (Bodo A. Schieren), München; 45.5:Peter, Elke,Kassel; 46.1: Reiser, Pater Anastasius, P.A. Peramiho, Tanzania East Africa; 46.2-3:Peter, Elke,Kassel; 47.1: AKG,Berlin; 47.2: Ernst Klett Verlag (Ute Kühner), Stuttgart; 47.3:Stockfood Photo Stock Agency (Achim Deimling-Ostrinsky), München; 48.1: Stockfood Photo Stock Agency (Food Photography Eising), München; 48.2: Zwergenwiese Naturkost GmbH, Silberstedt; 48.3 :Peter, Elke, Kassel; 48.4: Manfred P. Kage / Christina Kage, Lauterstein;48.5:Peter, Elke,Kassel; 48.6: Stockfood Photo Stock Agency (Gerhard Bumann), München; 49.1: Pepsi-Cola GmbH,Neulsenburg; 49.2: Mineralbrunnen Überkingen-Teinach K, Bad Überkingen; 49.3-4: Peter, Elke,Kassel; 51.1: Ernst Klett Verlag (Ute Kühner), Stuttgart; 58.1:März, Joachim, Achern-Fautenbach; 63.1:aus: Diätlos glücklich, Systemed Verlag Lünen (Stephanie Harjes); 65.1: Corbis (Hulton-Deutsch Collection), Düsseldorf; 66.1: Seilnacht, Thomas, Mühlheim / Donau; 67.1: Ernst Klett Verlag (Ute Kühner), Stuttgart; 67.2: Stockfood Photo Stock Agency (Sabine Mader), München; 67.3: Corbis|(RF), Düsseldorf; 68.1: Bioland Bundesverband, Mainz; 68.2: Naturland Zeichen GmbH, Gräfelfing; 68.3: Demeter-Bund e.V., Darmstadt; 68.4: ECOVIN Weinwerbe GmbH, Oppenheim; 69.1-2: ReformhausINFORMATION, Oberursel; 69.3: Öko-Prüfzeichen GmbH, Bonn; 69.4: EDEKA Zentrale AG & Co. KG, Hamburg; 69.5: Kaiser's Tengelmann AG, München; 69.6: REWE-Zentral AG, Köln; 70.1: Peter, Elke, Kassel; 70.2: Ernst Klett Verlag (Ute Kühner), Stuttgart; 70.3-4: Peter, Elke, Kassel; 74.1: Stockfood Photo Stock Agency (Hans Magr), München; 75.1: Ernst Klett Verlag, Stuttgart;